LES AIRES PROTÉGÉES DE L'ISALO ET ZOMBITSE-VOHIBASIA DANS LE CENTRE SUD-OUEST DE MADAGASCAR / THE PROTECTED AREAS OF ISALO AND ZOMBITSE-VOHIBASIA IN CENTRAL SOUTHWESTERN MADAGASCAR

Steven M. Goodman, Marie Jeanne Raherilalao & Sébastien Wohlhauser

Association Vahatra / Madagascar National Parks
Antananarivo, Madagascar
2024

Publié par Association Vahatra
BP 3972, Antananarivo (101), Madagascar
associatvahatra@moov.mg
&
Madagascar National Parks
BP 1424, Ambatobe, Antananarivo (103), Madagascar
contact@mnparks.mg

© Photos par / photos by Ralf Bäcker, Ken Behrens, Rhett Butler, Moritz Grubenmann, Johan Hermans, Louise Jasper, Chien Lee, Madagascar National Parks, Christian Mütterthies, Tanambelo Rasolondarainy, Julie Rives (Naturevolution), Harald Schütz, Brandon Semel & Voahangy Soarimalala.

ISBN 978-2-9579849-30

Photo de la couverture : Le spectaculaire paysage de l'Isalo est dominé par un massif grèseux à canyons profondément découpés / The exceptional landscape of Isalo is dominated by a sandstone massif with deeply cut canyons. (Photo par / by Chien Lee.)

Cartes par Landy Holy Harifera Andriamialiranto, Madagascar National Parks.

Page de couverture, conception et mise en page par Malalarisoa Razafimpahanana.

La publication de ce livre a été généreusement financée par un don de l'Ellis Goodman Family Foundation, Gail & Bob Loveman, Bob & Charlene Shaw, Jai Shekhawat et Adele Simmons.

Imprimerie : Précigraph, Avenue Saint-Vincent-de-Paul, Pailles Ouest, Maurice
Tirage 2000 ex.

Objectif de la série de guides écotouristiques des aires protégées de Madagascar National Parks

Ce guide a pour objectif de promouvoir l'écotourisme sur l'île et de valoriser ses richesses environnementales à travers ses aspects culturels et naturels. Les Parcs et Réserves de Madagascar abritent une remarquable diversité de plantes et d'animaux exceptionnels, tous uniques à notre planète. Au gré des lignes de ce guide, nous souhaitons vous donner un aperçu de l'importance que représente cette biodiversité précieuse qui nécessite une attention soutenue pour sa préservation. Vos visites dans ces sanctuaires vous permettront à coup sûr des découvertes extraordinaires et vous offriront l'opportunité de participer à la défense d'une grande cause : la préservation de notre patrimoine-naturel. For Life !

Madagascar National Parks
Antananarivo, Madagascar

Objective of the ecotourism guide series of Madagascar National Parks protected areas

This guide book aims through cultural and environmental aspects of the parks and reserves of Madagascar, the enhancement of its natural resources, and the expansion of ecotourism on the island. These protected areas hold a great diversity of rather remarkable plants and animals, many of which are unique to our planet. Through this book, we present details to inform you about these sites and give you an idea of the importance that this globally unique biodiversity represents, which needs constant attention for its preservation. Your visits will certainly result in extraordinary discoveries and offer you the opportunity to participate in the defense of a great cause, that is to say the preservation of our natural heritage. For Life!

Madagascar National Parks
Antananarivo, Madagascar

Cet ouvrage est dédié aux illustres bâtisseurs du réseau d'aires protégées de Madagascar, dévoués à l'honorable mission de conservation et de protection de la biodiversité unique de Madagascar et qui ont consacré des années de leur vie à créer et prendre soin de ces joyaux. Aujourd'hui, davantage d'efforts doivent être déployés pour assurer la sauvegarde de nos Parcs et Réserves, derniers vestiges du patrimoine naturel de l'île pour les générations futures. Cet ouvrage symbolise les efforts de nombreux défenseurs de l'environnement et de leur engagement immuable à valoriser les aires protégées de Madagascar.

To the great founders of the protected areas of Madagascar, who have devoted years to building and maintaining this system and honoring the mission associated with conservation and protection activities of the unique biodiversity of Madagascar. Representing the island's natural heritage for future generations, more effort needs to be made to promote the safeguarding of our parks and reserves. The contents of this book symbolize the efforts of many conservation leaders and draws on the continuous efforts aiming to enhance the value of Madagascar's protected areas.

(Photo par Ralf Bäcker / Photo by Ralf Bäcker.)

TABLE DES MATIÈRES / TABLE OF CONTENTS

Préface

La mission de Madagascar National Parks est d'établir, de conserver et de gérer de manière durable, un réseau national de Parcs et Réserves représentatifs des « joyaux » de la biodiversité et du patrimoine naturel propres à la Grande Ile.

Preface

The mission of Madagascar National Parks is to establish, conserve, and manage in a sustainable manner, a national network of parks and reserves representative of the "jewels" of biodiversity and natural heritage specific to the Grande Ile.

REMERCIEMENTS

La collection « Guides écotouristiques des aires protégées », dont cet ouvrage est le quatrième de la série, est le fruit de nos recherches, ainsi que de celles de centaines d'autres chercheurs et naturalistes qui ont exploré et documenté les étonnants animaux et plantes de ces régions. Ce guide, écrit en collaboration avec Madagascar National Parks, a pour objectif de promouvoir la visite des aires protégées de l'île par les écotouristes nationaux et internationaux. De plus, nous espérons que la série sera utile pour les élèves malgaches du primaire et du secondaire, comme une fenêtre sur leur remarquable patrimoine naturel.

Une partie du texte est une adaptation d'un ouvrage que nous avons récemment publié sur les aires protégées terrestres de Madagascar. Les recherches et la rédaction de ce livre ont été soutenues par une subvention du Fonds de partenariat pour les écosystèmes critiques (CEPF). Le CEPF est une initiative conjointe de l'Agence Française de Développement, de Conservation International, de l'Union européenne, du Fonds pour l'Environnement Mondial, du gouvernement du Japon et de la Banque Mondiale, dont l'objectif fondamental est d'assurer l'engagement de la société civile dans la conservation de la biodiversité.

Nous souhaitons également remercier la Fondation de la famille Ellis Goodman pour son généreux don destiné à la réalisation de cet ouvrage, ainsi que les importantes contributions

ACKNOWLEDGEMENTS

The series "Ecotourism guides to protected areas", for which this book is fourth to be published, is the product of the authors' years of experience conducting research in the protected areas of Madagascar, as well as hundreds of other researchers and naturalists that have explored, studied, and documented the remarkable plants and animals of these zones. This current book, which has been written in collaboration with Madagascar National Parks, aims to enhance visits of national and international ecotourists to the island's protected areas. Further, we hope the series will be useful for Malagasy primary and secondary school students, as a window into their remarkable natural patrimony.

A portion of the text presented herein is derived from a recent book we wrote and edited on the terrestrial protected areas of Madagascar. The research and writing phases of that book were supported by a grant from Critical Ecosystem Partnership Fund (CEPF). The CEPF is a joint initiative of l'Agence Française de Développement, Conservation International, European Union, Global Environment Facility, Government of Japan, and World Bank. A fundamental goal of CEPF is to ensure civil society is engaged in biodiversity conservation.

We would like to thank the Ellis Goodman Family Foundation for a generous donation to produce this book, as well as important

financières de Gail et Bob Loveman, Bob et Charlene Shaw, Jai Shekhawat et Adele Simmons. Leur généreux soutien est la preuve évidente de leur engagement à promouvoir l'écotourisme et, de fait, à participer conjointement à la conservation de la biodiversité et des habitats naturels restants et au développement économique du peuple Malagasy.

Les nombreuses personnes, qui ont contribué à la rédaction pour les deux aires protégées présentées dans ce guide, sont citées et remerciées à la fin du chapitre concernant chacune d'elles. Les photographes suivants (par ordre alphabétique) nous ont permis d'utiliser gracieusement leurs splendides images : Ralf Bäcker, Ken Behrens, Rhett Butler, Moritz Grubenmann, Johan Hermans, Louise Jasper, Chien Lee, Madagascar National Parks, Christian Mütterthies, Tanambelo Rasolondarainy, Julie Rives (Naturevolution), Harald Schütz, Brandon Semel et Voahangy Soarimalala. Pour l'identification et certaines informations concernant certaines plantes et animaux photographiés, nous remercions : Martin Callmander (*Pandanus*), Johan Hermans (orchidées), Sylvain Hugel (insectes), and Achille P. Raselimanana (amphibiens et reptiles).

Malalarisoa Razafimpahanana a assuré la conception, le design et la mise en page de ce guide ; comme durant les trois décennies de collaboration passées, nous saluons son attention et soin du détail toujours évident dans cet ouvrage.

Nous sommes particulièrement enchantés de la collaboration avec

financial contributions from Gail and Bob Loveman, Bob and Charlene Shaw, Jai Shekhawat, and Adele Simmons. The kind support of these individuals is a clear indication of their interest in advancing ecotourism on Madagascar, the conservation of the island's remaining natural places, and the economic development of the Malagasy people.

A number of individuals contributed to the texts for the two protected areas presented herein and they are acknowledged at the end of each of the respective site sections. We wish to recognize the photographers that allowed us to produce their splendid images and these are presented in alphabetic order by family name: Ralf Bäcker, Ken Behrens, Rhett Butler, Moritz Grubenmann, Johan Hermans, Louise Jasper, Chien Lee, Madagascar National Parks, Christian Mütterthies, Tanambelo Rasolondarainy, Julie Rives (Naturevolution), Harald Schütz, Brandon Semel, and Voahangy Soarimalala. For information and identification of plants and animals in certain photos, we are grateful to Martin Callmander (*Pandanus*), Johan Hermans (orchids), Sylvain Hugel (insects), and Achille P. Raselimanana (amphibians and reptiles).

Malalarisoa Razafimpahanana was responsible for the design of the book and its typesetting. Over the past three decades of working together, we are grateful for her careful attention to detail and her conscientiousness is well demonstrated in this current book.

Madagascar National Parks et reconnaissants pour les apports au texte de la part des collaborateurs suivants : Ollier D. Andrianambinina, Marcel A. Atalahy, Jean-Jacques Rakotoarivelo, Tina Sylvia Rakotozafy, Lalatiana O. Randriamiharisoa et Paulette H. Rasoarimalala ; nous tenons à remercier particulièrement Landy Andriamialiranto, affiliée à la même institution qui a assuré la production des cartes détaillées.

At Madagascar National Parks, we acknowledge the collaboration and input into this text from Ollier D. Andrianambinina, Marcel A. Atalahy, Jean-Jacques Rakotoarivelo, Tina Sylvia Rakotozafy, Lalatiana O. Randriamiharisoa, and Paulette H. Rasoarimalala. We are grateful to Landy Andriamialiranto, from that same organization, for creating the fine maps presented herein.

INTRODUCTION

Dans ce guide de poche, nous présentons deux aires protégées gérées par Madagascar National Parks (https://www.parcs-madagascar.com/) et situées dans le Centre Sud-ouest de Madagascar (Figure 1). Ces parcs englobent la biodiversité représentative de cette région de l'île, en particulier la zone de transition entre les forêts humides sempervirentes de l'Est, les forêts sèches de l'Ouest et le fourré sec épineux du Sud-ouest. Ces deux sites sont le Parc National de l'Isalo, très fréquenté, avec ses paysages spectaculaires et le Parc National de Zombitse-Vohibasia, moins connu, avec d'importants habitats de dense sèches et semi-décidues arborant des plantes et animaux uniques. Une visite dans ces deux aires protégées permettra aux écotouristes, Malagasy ou internationaux, de découvrir différents écosystèmes de Madagascar et les splendeurs qu'ils recèlent.

Ces deux aires protégées, relativement proches l'une de l'autre, peuvent être facilement visitées successivement. L'accès se fait depuis la Route Nationale 7 (RN7) qui relie Antananarivo (Tananarive) à Toliara (Tuléar) ; ces deux sites constituent une halte de découverte très intéressante pour les touristes qui effectuent le circuit de la RN7 traversant Madagascar. Le magnifique itinéraire de la RN7 présente un large aperçu de la diversité écologique et culturelle de l'île, depuis les Hautes-terres centrales autour d'Antananarivo

INTRODUCTION

In this pocket guide, we present two protected areas managed by Madagascar National Parks (https://www.parcs-madagascar.com/) and found in central southwestern Madagascar (Figure 1). These parks encapsulate the biotic diversity of this portion of the island, specifically the transitional zone between dry forests of the west, spiny bush of the southwest, and the moist evergreen forests of the east. The two sites include the widely visited Isalo National Park with its breath taking landscapes and the less known Zombitse-Vohibasia National Park with important areas of dry and semi-deciduous forest habitats that contain unique plants and animals. Visits to these two protected areas by ecotourists, whether Malagasy or international, will provide insights into different types of Malagasy ecosystems and all of the natural splendors they hold.

These two protected areas occur within a relatively short distance from one another and can easily be visited in successive order. Access to the two sites is from the National Road (Route Nationale or RN) no. 7, linking Antananarivo (Tananarive) and Toliara (Tuléar) and both are very interesting places for visitors that are making the RN7 trip across Madagascar to stop and explore. The splendid RN7 drive provides a broad view of the ecological and cultural diversity of the island, from the highland areas surrounding Antananarivo to the dry and semi-

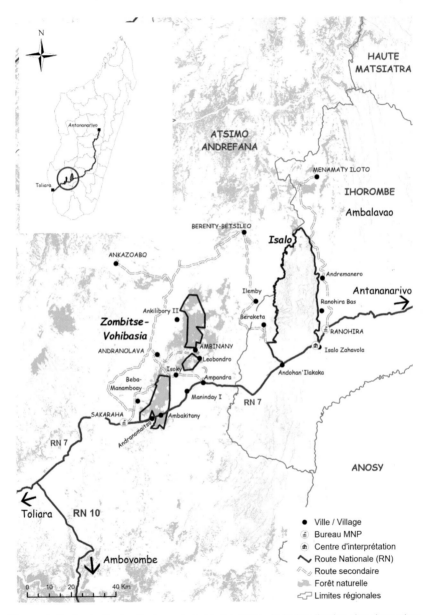

Figure 1. Carte du Centre Sud-ouest de Madagascar, de la localisation des deux aires protégées abordées dans ce guide, des routes d'accès et des villes et villages cités dans le texte. / **Figure 1.** Map of central southwestern Madagascar and the location of the two protected areas covered in this book, as well as access roads and towns mentioned in the text.

jusqu'aux plaines sèches et semi-désertiques du Sud-ouest autour de Toliara. Deux autres sites sont situés sur le même itinéraire au Nord-est de Fianarantsoa : le Parc National d'Andringitra et celui de Ranomafana qui sont présentés dans le précédent guide de la même série ; ces deux guides décrivent ainsi le transect écologique le long de la RN7. **Les touristes intéressés par la nature pourront s'émerveiller devant la complexité écologique et la beauté naturelle de cette région** fascinante du Centre Sud-ouest de Madagascar. Cette découverte est facilitée par l'accès routier aisé, une offre en guides locaux compétents parlant diverses langues européennes, et une gamme variée d'hébergements, faisant de chaque séjour dans la région une expérience mémorable.

Les deux sites présentés dans cet ouvrage, Isalo et Zombitse-Vohibasia, sont des Parcs Nationaux ; cette catégorie d'aires protégées a pour objectif d'assurer la protection et la conservation d'héritages naturels et culturels d'importance nationale, tout en offrant l'opportunité de visites récréatives et éducatives. Plus spécifiquement, les objectifs sont les suivants : 1) la protection de zones et paysages naturels pour des raisons écologiques, scientifiques, éducatives, récréatives, spirituelles et écotouristiques ; 2) la mise en œuvre d'une gestion durable, en particulier à travers des activités écotouristiques ; 3) la préservation de la biodiversité et des écosystèmes cibles représentatifs en respectant les processus naturels ; et 4) un accès

desert lowland areas of the southwest in the vicinity of Toliara. Another two sites along the same trajectory of the RN7, but further to the northeast in the direction of Fianarantsoa, are the national parks of Andringitra and Ranomafana, which are covered in another guide within this series, and between the two books completing the ecological transect along the RN7. Tourists visiting this fascinating central southwestern portion of Madagascar and interested in the natural world will be able to **discover and marvel at the region's ecological complexity and beauty**, and these aspects superimposed on relatively easy road access, excellent local guides speaking different European languages, and a range of local accommodations – making a stay in the area a memorable experience.

The two sites covered in this book, Isalo and Zombitse-Vohibasia, are national parks. This type of reserve is defined as a zone designated for the protection and conservation of natural and cultural heritage of national interest, while still offering opportunities for recreation and education. More specifically, some of the primary intents include: 1) the protection of natural areas and landscapes for ecological, scientific, educational, recreational, spiritual, and ecotourism purposes; 2) to implement sustainable management, particularly associated with ecotourism; 3) to maintain in a natural manner representative portions of the local biodiversity and ecosystems, and 4) to ensure that the neighboring human populations have

cautionné pour les communautés locales environnantes aux ressources naturelles de subsistance non-commerciales, à condition de ne pas impacter négativement les objectifs de gestion. **Les activités suivantes sont interdites dans les parcs nationaux** : 1) toutes formes d'exploitation des ressources, telles que la coupe de produits forestiers, la récolte de plantes et de leurs produits et la pêche traditionnelle, sauf dans les zones définies et selon les prescriptions établies dans le plan de gestion ; 2) la capture, la chasse ou l'extermination des animaux, excepté les titulaires d'autorisations spéciales de recherche scientifique délivrées par les autorités nationales avec l'accord des autorités locales ; et 3) toutes installations humaines à l'intérieur du parc.

En général, le climat du Centre Sud-ouest de Madagascar est marqué par trois saisons distinctes : relativement sec et frais de juin à août avec des températures s'abaissant à 8 °C la nuit, une période plus humide et plus chaude de décembre à février avec des températures dépassant 32 °C, suivie d'une période de transition de mars à avril avec des températures intermédiaires et peu de précipitations. Durant la saison humide et sur les deux sites, les pluies sont souvent associées au passage de dépressions tropicales et de cyclones, qui provoquent parfois des crues et peuvent générer ainsi quelques complications logistiques, mais ces épisodes cycloniques n'ont lieu qu'une fois tous les dix ans et les visiteurs ne devraient pas s'en inquiéter. Etant donné que les premières pluies coïncident avec

access to natural resources for non-commercial subsistence activities, as long as these aspects do not have negative impacts on management objectives. **Activities that are not allowed in national parks are**: 1) all forms of potential exploitation, such as extraction of forest products, traditional fishing, and collection of plant resources, most follow the site zoning and management plans, 2) killing, hunting, and capture of animals, with the exception of special permits for scientific research from the national government that includes approval of the local authorities, and 3) human settlements within the park boundaries.

In general, the climate of central southwestern Madagascar is marked by three distinct seasons, a relatively dry and cool period from June to August with average daily temperatures dropping at night to about 8°C (45°F), a wetter and warmer period from December to February with temperatures that can climb to more than 32°C (90°F), and a transitional period from March to April with intermediate temperatures and generally little rainfall. At both sites during the wet season, rainfall is often associated with passing tropical depressions and cyclones, which in turn can create local flooding and some logistic complications; visitors should not be too concerned about this aspect, which occurs once every decade or so. Given that the start of the rainy season coincides with the period of maximum activity of forest animals and flowering and fruiting

la période d'activité maximale des animaux forestiers, la floraison et la fructification de nombreuses plantes et que les précipitations augmentent à mesure que la saison des pluies progresse, **la meilleure période pour visiter ces deux sites s'étale de mi-novembre à mi-janvier.**

Le Parc National de l'Isalo est facilement accessible et dispose d'un vaste réseau de sentiers et d'infrastructures à proximité (hôtels et restaurants) pour tous les budgets. L'Isalo est un lieu fascinant qui mérite une visite sur plusieurs jours à partir d'un des hôtels du village de Ranohira, avec des randonnées journalières à la découverte des splendides canyons et paysages, ou des excursions plus longues en VTT disponibles à la location à Ranohira et dans divers hôtels. Pour les visiteurs préparés et équipés, des randonnées prolongées leur permettront de découvrir les sites plus reculés avec des paysages à couper le souffle qui resteront gravés dans leur mémoire.

Le Parc National de Zombitse-Vohibasia est l'endroit rêvé pour découvrir l'insolite transition entre différentes forêts sèches et semi-décidues, ainsi que certains animaux et plantes uniques au parc ; un séjour dans un hôtel à Sakaraha constitue une excellente base pour une visite d'un ou deux jours. Autrement, les circuits au départ de l'entrée du parc à Ambakitany sur la RN7 permettent une halte de quelques heures, avec de forte chance d'observer certains animaux et plantes uniques au parc, avant de poursuivre l'itinéraire sur la RN7.

of many plants, with the quantity of precipitation increasing as the season advances, we suggest, **when possible, the best time to visit these two sites is from mid-November to mid-January.**

Isalo National Park is easily accessible and with extensive trail systems and nearby infrastructure (hotels and restaurants) encompassing different price ranges. This protected area is an intriguing place to plan a several day visit based at a hotel in or around the local village of Ranohira, taking daily excursions, which might include an extensive outing on all-terrain bicycle, which are available for rent in Ranohira and at several hotels, or a day-hike to the protected area to explore some of its splendid canyons and landscapes. Alternatively, for those that are prepared, an extended backpacking trip to some of the more remote and simply breathtaking landscapes is guaranteed to remain in the memory of visitors for many years.

Based in a hotel in Sakaraha, Zombitse-Vohibasia National Park is an excellent place to visit for a day or two to see unique transitional habitats of dry and deciduous forest, and some of the unique plants and animals of the park. Alternatively, there are trails near the park entrance at Ambakitany and in close proximity of the RN7 that can be visited during the course of a few hours with the good chance of seeing some of the unique animals of the park, as well as seeing its unique plants, before continuing on with the road trip.

A la rédaction de ce guide, en janvier 2024, il n'existait aucune compagnie aérienne desservant la région où se situe ces deux parcs. Il existe des vols réguliers d'Antananarivo à Toliara, d'où on peut atteindre Ranohira en 5 heures de route, porte d'entrée de l'Isalo, situé à 240 km et en passant par Zombitse-Vohibasia. Il est néanmoins possible d'affréter des vols privés entre Antananarivo et l'aérodrome de Ranohira. Par route, le trajet d'Antananarivo à Ranohira est de 700 km et il est préférable d'envisager une nuit à Fianarantsoa ou Ambalavao. L'astuce pour réduire la durée du trajet est de quitter Antananarivo avant les embouteillages, c'est-à-dire avant 6 h du matin, ce qui permet de gagner une heure. La visite des parcs nationaux proches de Fianarantsoa, Ranomafana et/ou Andringitra, en complément des deux sites présentés dans ce guide est une suggestion, judicieuse et souvent proposée, pour une découverte complète du Centre et du Sud-ouest de l'île. Dans la plupart des cas, le circuit par route commence au départ d'Antananarivo, alors que le retour se fait par un vol régulier en avion depuis Toliara.

Les écotouristes en visite dans ces deux sites auront l'opportunité d'éprouver et comprendre la complexité des programmes de conservation à Madagascar et les actions menées par Madagascar National Parks pour protéger le patrimoine naturel de l'île en impliquant la collaboration avec les communautés locales. En admirant les merveilles naturelles de ces aires protégées, il est capital de garder en tête que la majorité des

At the time this text was written (January 2024), there was no commercial air company serving the portion of Madagascar where these two protected areas are found. There are regular flights between Antananarivo and Toliara, which would then entail a road trip of about 240 km (150 miles) or five hours to Ranohira, the port of entry to Isalo; this road also passes by Zombitse-Vohibasia. It is possible to arrange private charter flights between Antananarivo and Ranohira, where there is a landing strip. To drive from Antananarivo to Ranohira is about 700 km (435 miles) and best to plan an overnight either in Fianarantsoa or Ambalavao. The key to reduce driving time is leaving Antananarivo before heavy traffic commences, which on the average day would mean a departure before 6:00 a.m., which can reduce the road trip by a good hour. As a suggestion, combine the sites of Ranomafana and Andringitra, near Fianarantsoa, to the travel itinerary with the two protected areas presented herein is an excellent and rather popular way to see the central and southwestern portion of the island. In many cases, tourists do the trajectory in a rented car with a driver from Antananarivo to Toliara and return in the opposite direction via a commercial plane flight from Toliara.

Tourists visiting Isalo and Zombitse-Vohibasia will be able to see firsthand and understand the intricacies of conservation programs on Madagascar and the actions of Madagascar National Parks to protect the island's natural patrimony,

organismes rencontrés ne se trouvent qu'à Madagascar (endémique) et que la plupart se rencontrent uniquement dans cette partie de l'île (micro-endémique). **Une définition de certains termes utilisés est fournie à la fin de ce guide**, en particulier pour les termes scientifiques qui ne seraient pas familiers à certains lecteurs.

Certaines portions de texte de ce guide sont issues et adaptées d'un ouvrage bilingue (français-anglais) en trois tomes sur les aires protégées terrestres de Madagascar publié par les mêmes auteurs et disponible auprès de l'Association Vahatra (http://www.vahatra.mg/quoideneuf07. html) ou en format e-book https:// press.uchicago.edu/ucp/books/ publisher/pu3431914_3431915.html) séparément en français ou en anglais.

Il est également conseillé aux visiteurs intéressés par ces deux aires protégées de visiter le site internet de Madagascar National Parks : https://www.parcs-madagascar. com/parcs/isalo.php pour l'Isalo et https://www.parcs-madagascar.com/ parcs/zombitse.php pour Zombitse-Vohibasia. De plus, d'autres informations sur les deux aires protégées présentées ci-après peuvent être trouvées sur le portail des aires protégées de Madagascar (https:// protectedareas.mg/) en anglais, français et Malagasy, ainsi qu'un nombre considérable de documents PDF, téléchargeables gratuitement, couvrant un large éventail de sujets sur les aires protégées terrestres de l'île. Les visiteurs de ces deux aires protégées présentées ici qui observent

including collaboration with local populations to advance these goals. When viewing the natural wonders of these protected areas, please keep in mind that the majority of the organisms you will encounter are restricted to Madagascar (endemic) and many to central southwestern Madagascar (microendemic). **At the end of the book, we provide definitions of technical terms** used herein, particularly those that might not be familiar to some readers.

Portions of this text have been extracted and modified from a bilingual (French-English) three-volume book on the terrestrial protected areas of Madagascar written by the same authors and published by Association Vahatra in Antananarivo (http://www. vahatra.mg/news07.html). Electronic versions of these books are available in French or English from The University of Chicago Press (https:// press.uchicago.edu/ucp/books/ publisher/pu3431914_3431915.html).

We suggest that interested tourists to the two protected areas also visit the Madagascar National Parks' website – For Isalo (https://www.parcs-madagascar.com/parcs/isalo.php) and for Zombitse-Vohibasia (https:// www.parcs-madagascar.com/parcs/ zombitse.php). A range of different details on the two sites are available on the Madagascar Protected Areas portal (https://protectedareas.mg/) in English, French, and Malagasy, including a considerable number of pdf documents on these and other terrestrial protected areas of the island that can be downloaded free of

des espèces de vertébrés terrestres précédemment non-observées sur la base des listes dans les tableaux A et B ci-dessous peuvent utiliser le programme de « science citoyenne » sur les aires protégées de Madagascar (https://protectedareas.mg/species/contribute) pour téléverser les détails de leurs observations ; une fois ceux-ci validés par des spécialistes, ces nouveaux enregistrements seront ajoutés aux listes d'espèces locales sur le site Internet. Ainsi, tous les visiteurs peuvent contribuer à la connaissance de ces deux sites, qu'ils soient des ornithologues avertis, des écotouristes occasionnels ou des guides locaux.

charge. Visitors to the two protected areas covered herein that have observed species of land vertebrates not previously observed based on the lists presented in Tables A and B herein, can use a "citizen science" program on the Madagascar Protected Areas (https://protectedareas.mg/species/contribute) to upload details of their observations; once validated by specialists these new records will be added to the local species lists on the website. In this manner, visitors ranging from hard-core bird watchers to causal ecotourists and local guides can contribute to what we know about these two sites.

Arrivée et visite des sites

Après leur arrivée au bureau d'accueil du parc, à Ranohira pour Isalo et à l'est de Sakaraha pour Zombitse-Vohibasia, les visiteurs **devront s'acquitter des droits d'entrée** (payables uniquement en monnaie locale), dont les tarifs dépendent du site, des zones visitées, de l'âge des visiteurs et de leur nationalité (étrangère ou Malagasy). Les droits d'entrée assurent une contribution conséquente aux coûts opérationnels de Madagascar National Parks et représentent ainsi la participation essentielle de chaque visiteur à la protection de la biodiversité Malagasy et au développement socio-économique des communautés vivant aux alentours des aires protégées. Après le calcul du montant des droits d'entrée, l'agent d'accueil délivre les tickets et le reçu correspondant ; il est

Arrival and site visits

After your arrival at the reception office of these two protected areas, which will be at Ranohira for Isalo and east of Sakaraha for Zombitse-Vohibasia, visitors must pay **entrance fees** (to be paid only in local currency); the rates depend on the site, areas to be visited, age of the visitors, number of individuals in the group, and their nationality (foreign or Malagasy). These entrance costs ensure a significant contribution to the operational costs of Madagascar National Parks and thus represent the essential participation of each visitor in the protection of Malagasy biodiversity and the socio-economic development of communities living around protected areas. After calculating the amount of the entrance fees, the receptionist will issue the tickets and the corresponding receipt; it is advisable to keep these

conseillé de garder ceux-ci accessibles au cours de la visite, car, sur certains sites, le personnel de Madagascar National Parks est susceptible de les contrôler. Les billets d'entrée peuvent également être achetés à l'avance au bureau de Madagascar National Parks à Antananarivo, situé à proximité du Lycée français de Tananarive dans le quartier d'Ambatobe, et où les paiements électroniques sont acceptés. Pour les visiteurs dont l'objet de la visite est professionnel, par exemple prise de photographies ou tournage de films ou documentaires, le système de tarification de droits d'entrée est différent et ceux-ci devront s'informer au bureau d'accueil du parc ou au siège de Madagascar National Parks à Ambatobe. Des informations complémentaires peuvent également être obtenues en écrivant à l'adresse : contact@mnparks.mg.

Pour les deux aires protégées, Isalo et Zombitse-Vohibasia, il est **obligatoire d'engager des guides locaux pour la visite,** y compris pour les randonnées, les excursions à vélo où l'accès en voiture ; le ratio limite est d'un guide pour six personnes au maximum. Ces guides, généralement originaires des villages environnants, ont des connaissances substantielles sur la nature, les aspects culturels et le réseau de sentiers et ils ont été formés pour apporter aux visiteurs des informations détaillées sur l'aire protégée, sa flore et sa faune. Parmi les guides locaux, beaucoup parlent différentes langues européennes, et si vous avez une préférence linguistique pour le guidage, veuillez le demander au bureau d'accueil. **Les**

accessible during the visit, because at certain sites staff members of Madagascar National Parks within the site might ask to see them. Entrance tickets can also be purchased in advance at the Madagascar National Parks office in Antananarivo, located near the Lycée français de Tananarive in the Ambatobe neighborhood and there is also the possibility of electronic payment. For visitors whose purpose is professional, for example taking photographs or making films or documentaries, the pricing system for entrance fees are different and they must inquire at the reception office of each protected area or at the national headquarters of Madagascar National Parks in Antananarivo at Ambatobe – further information can also be obtained at contact@mnparks.mg.

In both the Isalo and Zombitse-Vohibasia protected areas, it is **obligatory for tourists to engage local guides** for site visits including walking, mountain bikes, or cars and at the ratio of not surpassing one guide per six individuals. Most of these guides come from surrounding communities, have considerable knowledge on the local natural history, cultural aspects, and trail systems, and have been trained to provide visitors with details on the protected area and its flora and fauna. In the local pool of guides, many speak different European languages, and if you have a preference, please ask at the reception office. **Guiding costs are over and above the entrance fees** and depend on the time to be spent on a given day at the site, circuits to be followed, and

tarifs de guidage s'ajoutent aux droits d'entrée et dépendent de la durée de la visite dans l'aire protégée, des circuits prévus et du nombre de visiteurs dans le groupe. Il est prudent de vérifier les tarifs de guidage affichés dans le bureau d'accueil avant de préciser et valider tous les détails avec le guide engagé.

Il est important de préciser que la fréquentation touristique est saisonnière, en particulier dans les aires protégées, et que les montants versés aux guides sont une part conséquente de leur revenu annuel et que cela participe au développement de l'économie locale, tout en matérialisant la contribution de l'aire protégée au développement économique. Dans le cas où les visiteurs sont satisfaits de leur visite, il est également coutumier de **donner un pourboire**. **Le règlement destiné aux visiteurs** est affiché dans les bureaux d'accueil de Madagascar National Parks et il est vivement recommandé de s'imprégner de ces éléments d'attention avant la visite. Il est interdit d'amener des animaux de compagnie dans les aires protégées.

Il est fortement conseillé aux visiteurs d'emporter une quantité suffisante d'**eau potable**, au moins 2 litres par personne par jour. Il est également recommandé, selon le site et la saison, de prévoir **chapeau, crème solaire, anti-moustique et imperméable**. Pour les visites dans l'Isalo, il est également recommandé d'emporter un maillot de bain afin de profiter de la fraîcheur des splendides piscines naturelles du parc. Pour les

the number of people in the group. Best to verify guiding fees posted at the reception office before setting out and confirm the arrangements with the person engaged.

It is important to point out that in general the period tourists visit Madagascar, specifically protected areas, is seasonal and the fees guides receive for their services form an important portion of their annual income. Further, your visit helps to advance the local economy and create a clear association between conservation and economic development. In cases when visitors are satisfied with their guide's services, it is customary **to give a tip**. At the Madagascar National Parks reception office are posted the **rules for visitors** and it is strongly suggested that you familiarize yourselves with these important points. It is strictly forbidden to bring domestic pets into protected areas.

It is strongly suggested for all visitors to have **drinking water** with them, and in the two sites covered herein, both of which can be notably hot and often with open areas, a minimum of 2 liters should be available per person for a day visit. Also, it is important that guests carry a **sunhat**, **mosquito repellent**, **sunscreen**, and **rain gear**. For individuals visiting Isalo, best to consider to have a bathing suit to take advantage of the many refreshing and splendid natural pools in the park. We also recommend for visitors with special interests in natural history to bring along binoculars to examine in closer detail organisms observed

visiteurs naturalistes aguerris, des jumelles permettront d'observer plus en détail les animaux rencontrés et un appareil photo pour documenter les observations et divers guides de terrain concernant Madagascar (par exemple les oiseaux, les mammifères ou les libellules) pour vérifier certains critères d'identification des espèces ; ces divers accessoires représentent un atout considérable pour magnifier la contemplation des merveilles de ces aires protégées.

De plus, il est essentiel de garder à l'esprit que certains groupes d'animaux ont une **activité saisonnière marquée et que ces animaux sont difficiles à trouver durant la saison fraîche et sèche** ; c'est par exemple le cas de la plupart des batraciens, certains petits mammifères et plusieurs espèces de lémuriens. Ainsi, il est préférable, quand cela est possible, de prévoir votre visite dans les aires protégées présentés dans ce guide durant la période préconisée pour chacune d'entre-elles.

Bonnes pratiques en forêt et dans les aires protégées

Afin de ne pas déranger les animaux pour les observer au plus près, il est conseillé de marcher le plus discrètement possible en forêt, à voix basse et, bien évidemment, sans musique. De même, il est préférable de rester en groupe relativement compact juste derrière le guide. Il est aussi important de **rester sur les sentiers existants**, à moins de s'écarter de quelques pas afin d'observer plus près ou photographier quelque chose.

along the trails, cameras to archive what you have seen, and different field guides available for Madagascar (for example, birds, mammals, or dragonflies) to verify details on species identification; these different items will provide a greater appreciation of the natural curiosities you will discover in these two protected areas.

Please keep in mind that different animal groups in the dry forests of Madagascar are seasonally active, which include, for example, most species of frogs, some small mammals, and several species of lemurs; **during the cooler dry season they are very difficult to find**. Hence, it is best, when possible, to plan your visit to the protected areas covered in this book, during the appropriate period, which are presented below under each national park.

Good manners in the forest

In order not to disturb wild animals living in these protected areas and for you to be able to observe them in close proximity, please be as quiet as possible when walking through natural habitats, with low voices and, of course, no music playing. Also, best to remain in a relatively close group just behind your guide. It is also important to **stay on established trails**, other than to venture a short distance away to observe or photograph something more closely. Night visits to the two parks covered herein are for the moment not possible. It is critical that all visitors **follow local taboos** (*fady* in Malagasy) associated with

Il est primordial que tous les visiteurs **respectent les tabous locaux** (*fady* en Malagasy) propres à chaque aire protégée ; les guides préviennent les visiteurs sur ce qui est interdit ou non.

Sans une autorisation spéciale octroyée par les autorités du pays, il est **strictement interdit par la loi de récolter des plantes et des animaux** dans les aires protégées, ainsi que, pour les visiteurs, de capturer et manipuler des animaux. Les guides peuvent capturer certains animaux (par exemple les amphibiens et reptiles) afin de les observer au plus près ou pour les photographier, mais **ceux-ci seront relâchés par le guide à l'endroit de leur prélèvement**. Etant donné la découverte de la **chytridiomycose** à Madagascar, il est fortement recommandé aux visiteurs arrivant à Madagascar de désinfecter leurs bottes et équipements avant de traverser les zones humides afin de réduire le risque de propagation du champignon ; cette maladie, qui décime les batraciens dans plusieurs zones tropicales, est disséminée par les équipements utilisés dans des eaux infectées par le champignon chytride (lac, marais, ruisseaux et rivières). L'attitude indispensable est de **témoigner un absolu respect** pour les merveilles observées dans ces aires protégées, car tous ces organismes sont uniques à notre planète et la plupart d'entre eux ne peuvent être trouvés que dans le Centre Sud-ouest de Madagascar.

Profitez de votre visite et partez à la découverte des merveilles des parcs nationaux de l'Isalo et de Zombitse-Vohibasia présentées dans ce guide !

each protected area – your guide will explain these to you and what you can and cannot do.

Without a special permit from the national authorities, it is **strictly forbidden by law to collect plants and animals** in a protected area, as well as for tourists to trap and handle animals. Your guide with considerable caution may capture different animals (for example, amphibians or reptiles) for closer viewing and photographing, but these **must be returned to the place of capture**. As the presence of **chytrid fungus**, a disease that is impacting frog populations in certain tropical countries, has been found on Madagascar, and is spread by contaminated equipment used in water (lakes, marshes, streams, and rivers) elsewhere in the world where the fungus is present, it is strongly suggested that travelers arriving in Madagascar disinfect their boots or other gear before entering water bodies to reduce the risk of spreading the fungus. The key general concept is to **show complete respect** for the natural wonders you will see in these two protected areas, just about all of these organisms are unique to our planet, and in many cases can be found only in central southwestern Madagascar.

Enjoy your visit and discovering the wonders of the Isalo and Zombitse-Vohibasia National Parks!

ISALO

Noms : Parc National de l'Isalo, nom abrégé : Isalo (voir https://www.parcs-madagascar.com/parcs/isalo.php pour plus de détails). La Figure 2 présente une carte du site.

Catégorie UICN : II, Parc National.

Généralités : Cette aire protégée, gérée par Madagascar National Parks (MNP), représente **l'un des paysages parmi les plus pittoresques et uniques de l'île**. Le parc dispose d'**un réseau de sentiers passant à travers de multiples habitats**, dont la plupart traversent de grandes étendues exposées sans l'ombre de la canopée forestière. Une variété d'activités sont proposées aux visiteurs de l'Isalo : des marches de quelques heures dans les magnifiques canyons et autour du massif avec en prime des baignades dans les piscines naturelles, des randonnées plus longues avec des étapes de bivouacs d'une ou plusieurs nuits ou d'exaltantes excursions sur des pistes et des sentiers à vélo tout-terrain ; la location de VTT est proposée à Ranohira, porte d'entrée de l'Isalo.

Vu la variété des paysages et l'accès aisé du site à côté de la Route Nationale 7 (RN7), reliant Antananarivo à Toliara, l'Isalo est **l'aire protégée la plus visitée de l'île**. Entre 2012 et 2023 (inclus la période de l'épidémie de COVID-19), le nombre moyen de visiteurs dans ce parc était de 11 063 par année, soit environ 31 visiteurs par jours. Etant donné la grandeur du parc et l'étendue de son réseau de sentiers, les visiteurs ne sentiront à aucun moment cette apparente affluence.

ISALO

Names: Parc National de l'Isalo, short name – Isalo (see https://www.parcs-madagascar.com/parcs/isalo.php for further details). See Figure 2 for a map of the site.

IUCN category: II, National Park.

General aspects: This site is managed by Madagascar National Parks (MNP) and forms **one of the more picturesque and unique landscapes on the island**. The site has a **complex system of trails passing through a range of habitats**, many of which are not in close canopy forest areas and often large open expanses. A considerable range of activities can be proposed to visitors at Isalo, which include relatively short walks of a few hours into the magnificent canyons and around the parameter of the massif and the chance to bath in natural swimming pools; longer back-packing trips with one to several nights camping along the way; or exciting mountain bike adventures along an assortment trails and roads. Mountain bikes can be rented in the town of Ranohira, the gateway into Isalo.

Given the combination of its scenery and easy access along the main national road (Route National or RN no. 7) linking Antananarivo and Toliara, Isalo is the **most visited protected area** on the island. Between 2012 and 2023 (including the period of the COVID-19 epidemic), the average annual number of visitors to the protected area was 11,063, which comes to about 31 individuals per day. Given the size of the park and its extensive trail system, there is no need

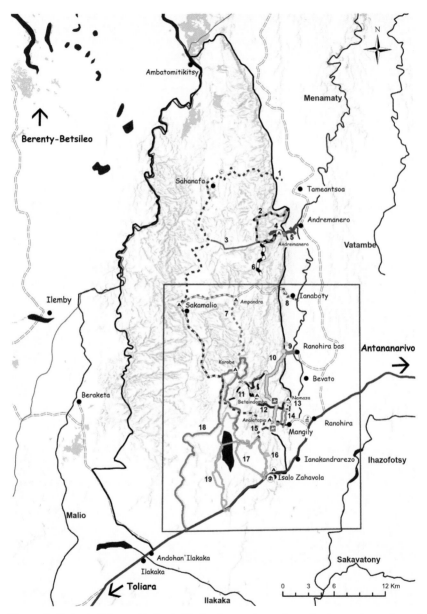

Figure 2. Carte de l'aire protégée de l'Isalo, des accès routiers, du réseau de sentiers et des différentes infrastructures, et des villes et villages environnants mentionnés dans le texte. La carte sur la page suivante donne un aperçu général de la zone et présente une vue détaillée de tous les circuits (encadré de la carte de l'aire protégée).

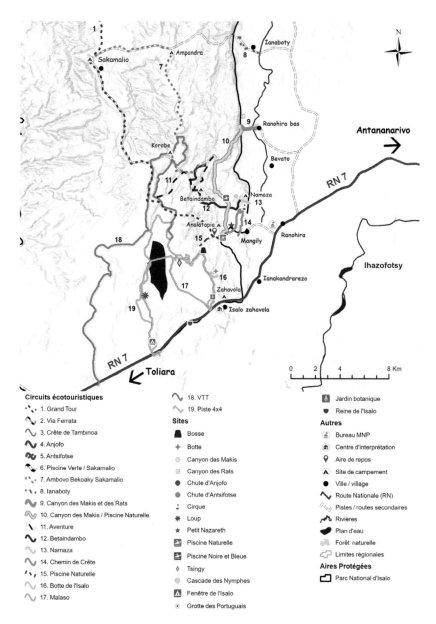

Figure 2. Map of the Isalo protected area, road access, the trail system and different types of infrastructure, and surrounding towns and villages mentioned in the text. The map on the previous page is the broad overview of the area and the section with a delineated square is enlarged in greater detail here.

A l'inverse des sites de l'Est, tels que Ranomafana, où l'observation des nombreuses espèces endémiques de vertébrés et d'invertébrés est privilégiée, l'Isalo est d'abord l'endroit rêvé pour admirer les grandioses panoramas et paysages de roches sculptées (Figure 3). Néanmoins, l'Isalo renferme aussi son lot d'espèces micro-endémiques (Figure 4) et d'uniques plantes et animaux, présentés ci-après.

Les roches sédimentaires exposées de la partie Centre Sud-ouest de Madagascar (Figure 5) s'étendent sur plus de 100 km du fleuve Onilahy jusqu'au fleuve Mangoky ; cette

to be concerned that you will have the feeling of too many people around you during your visit.

Isalo is really a place to take in the scenic and panoramic landscapes and the sculpted rock formations (Figure 3), rather than seeing a large number of locally endemic invertebrates (Figure 4) and vertebrates, as one would experience in more eastern sites such as Ranomafana, for example. However, having said that, Isalo has its share of local microendemic and unique plants and animals, which are discussed in detail below.

The central southwest of Madagascar has extensive exposed sedimentary

Figure 3. Le Parc National de l'Isalo est un site aux grandioses paysages de roches sculptées, dont la visite restera inoubliable. (Photo par Madagascar National Parks.) / **Figure 3.** The Isalo National Park is a site with scenic landscapes and sculpted rock formations that visitors will not forget. (Photo by Madagascar National Parks.)

Figure 4. La région de l'Isalo abrite divers invertébrés splendides et fascinants, tels que cette sauterelle aux couleurs panachées, *Phymateus saxosus* (Pyrgomorphidae) ici en plein accouplement. Le nom local de cette espèce dans les Hautes-terres centrales est *valalan'alika* et dans le Sud-ouest *valalan'amboa*, qui se traduisent tous deux par « sauterelle des chiens. » La coloration vive indique aux éventuels prédateurs que l'animal est toxique ; les noms Malagasy sont probablement dérivés de l'idée « que même les chiens ne les mangeront pas ». (Photo par Chien Lee.) / **Figure 4.** The Isalo region has a number of exceptional and handsome invertebrates, such as this beautifully colored grasshopper, *Phymateus saxosus* (Pyrgomorphidae). Here a pair is seen mating. The local name of this species in the Central Highlands is *valalan'alika* and in the southwest *valalan'amboa*, which both translate as the dog's grasshopper. The bright coloration is a signal to possible predators that the animal is filled with toxins, and the Malagasy names are probably derived from the idea "that even dogs will not eat them". (Photo by Chien Lee.)

formation géologique est appelée Isalo. Le Parc National de l'Isalo couvre une petite partie de ce massif gréseux. D'importants gisements de fossiles datant du Jurassique ont été découverts dans cette région, où l'on a mis à jour des fossiles de synapsides (ancêtres des mammifères), des archosaures (ancêtres des oiseaux et des crocodiles) et d'autres parents ascendants des vertébrés.

Le parc présente un paysage accidenté de crêtes et de plateaux entrecoupés de canyons où coulent de nombreux ruisseaux et petites rivières. Un vaste réseau de sentiers (Figure

rock (Figure 5) extending well over 100 km (62 miles) from the Onilahy River to the Mangoky River, known as the Isalo. The Isalo National Park of 81,540 ha covers a small portion of the total area of this sandstone geological formation. Some remarkable Jurassic fossil deposits have been discovered in the region, including a range of synapsids (the group that lead to mammals), archosaurs (the group that lead to birds and crocodiles), and other vertebrate lineages.

The park has rugged landscapes, including plateaus, ridges, and canyons, and with numerous streams

Figure 5. Le paysage particulièrement pittoresque de l'Isalo, composé principalement de grès, rappelle d'autres endroits dans le monde, raison pour laquelle on le surnomme souvent le « grand canyon » de Madagascar. (Photo par Chien Lee.) / **Figure 5.** The notably picturesque landscape of Isalo, composed mostly of sandstone, is reminiscent of other places in the world, which explains it often being referred to as the "Grand Canyon" of Madagascar. (Photo by Chien Lee.)

2) traverse de multiples habitats, en particulier des zones boisées, le plus souvent des forêts claires sclérophylles ou des forêts ripicoles qui offrent leurs splendeurs à l'admiration des visiteurs ; on y trouve un cortège de plantes et d'animaux représentatifs de cette transition biogéographique, entre

and small rivers. There is an extensive trail system (Figure 2) passing through a range of wooded habitats, mostly riparian forest and sclerophyllous woodland, providing the means for visitors to discover its treasures. The species of locally occurring plants and animals represent a biogeographic

des espèces dites mésiques de l'Est humide et d'autres des zones sèches de l'Ouest.

La faune vertébrée forestière typique du parc compte 24 espèces d'amphibiens, 47 espèces de reptiles, 94 espèces d'oiseaux et un large éventail de mammifères (Tableau A), dont sept espèces de lémuriens. Ainsi, une visite dans ce site récompensera assurément les visiteurs passionnés par la nature avec des randonnées spectaculaires en prime. La **période idéale pour visiter ce site est entre novembre et janvier**, lorsque la plupart des animaux sont en période de reproduction et au maximum de leur activité et que de nombreuses plantes sont en fleurs ou en fruits. Une visite plus précoce, en septembre, coïncide avec la naissance des jeunes Lémur catta (*Lemur catta*).

L'Isalo est dominé par le climat subaride du Sud-ouest de Madagascar avec des températures quotidiennes moyennes entre 15,2 °C et 26,1 °C. La saison chaude, de décembre à février, affiche des températures atteignant 32 °C, alors que durant la saison froide, de juin à août, celles-ci sont nettement plus basses et franchement fraîches durant la nuit. La pluviométrie annuelle est en moyenne de 822 mm, dont 93 % tombent entre novembre et avril, avec des pluies parfois torrentielles entre janvier et mars. La géologie de l'Isalo est sédimentaire et principalement constituée de grès, mais aussi de roches schisteuses et conglomératiques. Les sols y sont variés, mais la plupart sont très altérés, acides et relativement riches en fer et en aluminium.

transition between the more mesic areas to the east and the drier areas to the west.

With its distinct and diverse forest-dwelling vertebrate fauna, which includes 24 species of amphibians, 47 species of reptiles, 94 species of birds, and a broad assortment of mammals (Table A), including seven species of lemurs, a stopover at Isalo is certain to be rewarding for those interested in nature, as well as scenic hikes. The **ideal period for a visit is between November and January**, when animal activity reaches its peak associated with breeding and also when many plants are in flower or fruit. A visit a bit earlier in the season, that is to say in September, coincides with the birth of young Ring-tailed Lemurs (*Lemur catta*).

This protected area is dominated by the sub-arid climate of southwestern Madagascar with average daily temperatures ranging between 15.2°C and 26.1°C (59.4°F and 79.0°F). The warm season falls between December and February, with peak temperatures of over 32°C (90°F), and the cold season is between June and August, with average temperatures being distinctly lower and night temperatures distinctly cool. Mean annual rainfall is around 822 mm (32 inches), 93% falls between November and April, and distinctly heavy rains can fall between January and March. The geology is composed of sedimentary rock, the majority being sandstone, followed by shale and conglomerate rock. The soil types are rather diverse, most of which are highly weathered, acidic, and with

Aspects légaux : Création basée sur le Décret n° 62-371 du 19 juillet 1962.

Accès : L'Isalo est accessible toute l'année étant situé à proximité de la route nationale RN7, la route principale reliant Antananarivo et Toliara. L'accès principal, où se trouve le bureau principal de Madagascar National Parks, est à Ranohira situé sur la RN7 à environ 85 km à l'Ouest d'Ihosy et 240 km avant Toliara. Il est vivement recommandé de s'adresser au bureau d'accueil à Ranohira au sujet des divers points d'entrée, guides et autres détails pour mieux organiser votre visite.

Infrastructures locales : Les infrastructures de gestion du Parc National de l'Isalo incluent le bureau administratif principal, diverses infrastructures d'accueil (Figure 6) et deux postes de gardes à Ilakaka et Bekaraoky. Les aménagements touristiques du Parc National de l'Isalo incluent le bureau d'accueil principal à Ranohira (avec ecoshop et toilettes), un bureau secondaire à Mangily, un poste d'accueil à Namaza et cinq points de contrôle disséminés (Andremandero, Canyon des Makis, Namaza, Piscine Naturelle et Circuit Malaso).

Dénommé 'Musée de l'Isalo', le centre d'interprétation, combiné à la station de recherche, est situé à Isalo Zahavola à 9 km à l'Ouest de Ranohira sur la RN7 (Figure 7). Excepté les nombreux hôtels environnants dont les détails peuvent être trouvés dans les divers guides touristiques sur Madagascar, des facilités d'hébergement sont disponibles

relatively high amounts of iron and aluminum.

Legal aspects: Creation – based on Decree No. 62-371 of 19 July 1962.

Access: Isalo is reachable throughout the year and is in close proximity to the Route Nationale 7 (RN7), the paved road linking Antananarivo to Toliara. The main entrance where Madagascar National Parks has its principal local office is at Ranohira along RN7, located about 85 km (53 miles) west of Ihosy and 240 km (149 miles) east of Toliara. As general advice, always best to check with the Madagascar National Parks office in Ranohira on access points, guides, and other details to better arrange your visit.

Local infrastructure: Management infrastructure of the Isalo National Park include the main administrative office in Ranohira, different forms of infrastructure (Figure 6), and two guard posts at Ilakaka and Bekaraoky. Tourist facilities within the protected area comprise the main reception office in Ranohira (ecoshop, shop, and toilets), a secondary reception office in Mangily, a reception station in Namaza, and five scattered checkpoints (Andremandero, Canyon des Makis, Namaza, Piscine Naturelle, and Circuit Malaso).

The interpretation and associated research station, sometimes known as "Musée de l'Isalo", is located at Isalo Zahavola, on RN7 and 9 km (6 miles) to the west of Ranohira (Figure 7). Apart from the numerous nearby hotels for which details can be found in different tourist guide books to Madagascar, camping accommodations within

Figure 6. Le Parc National de l'Isalo est l'aire protégée la plus visitée de Madagascar et recèle de nombreuses splendeurs pour les écotouristes. Bien que le massif de l'Isalo et ses environs abritent une gamme remarquable de plantes et d'animaux, dont nombreux sont endémiques, l'un des aspects inoubliables de la région réside dans ses paysages spectaculaires. Pour parcourir ce vaste territoire de plus de 80 000 hectares, Madagascar National Parks a installé de nombreux panneaux de signalisation pour guider les visiteurs, tels que celui-ci situé au Centre-est du Parc National. (Photo par Madagascar National Parks.) / **Figure 6.** Isalo National Park is the most frequently visited protected areas on Madagascar and holds a range of splendors for ecotourists to discover. While the Isalo Massif and surrounding areas have a notable range of plants and animals, many endemics, one of the memorable aspects of the area is its dramatic landscapes. To navigate this large area of more than 80,000 hectares, Madagascar National Parks has installed a range of sign posts to guide visitors. Shown here is a sign post associated with sites in the central eastern portion of the National Park. (Photo by Madagascar National Parks.)

dans le parc sur les huit sites de campement (Ampandra, Analatapia, Andremandero, Betaindambo, Korobe, Namaza, Sakamalio et Zahavola) avec des abri-tentes, coin-cuisine, abri-repas, foyer, eau courante, douche et toilettes. Etant donné le climat sec et chaud, il est **indispensable d'emporter suffisamment d'eau** que ce soit pour des visites journalières ou des séjours plus longs. De plus, pour les campeurs qui utilisent l'eau fournie sur les sites, il est préférable de cuire l'eau 20 minutes après

the protected area include eight different sites (Ampandra, Analatapia, Andremandero, Betaindambo, Korobe, Namaza, Sakamalio, and Zahavola) with tent shelters, kitchen and dining areas, fireplace, water, shower, and toilet. Please do not forget that given the dry and hot climate of the site, **always carry enough water** for day visits and longer stays. Also, for those that will be camping and using local water sources, best to bring a hand pump filter to purify drinking water or heat the water for 20 minutes after it starts a rolling

Figure 7. Le centre d'interprétation du Parc National de l'Isalo est situé à Zahavola au bord de la Route Nationale 7 à 9 km à l'ouest de Ranohira. Le centre présente une variété d'expositions et de panoramas qui fournissent aux visiteurs des informations importantes sur la culture des populations locales, ainsi que sur la biodiversité. Le style et les matériaux utilisés pour sa construction se fondent de manière très harmonieuse dans les formations rocheuses naturelles du massif de l'Isalo. (Photo par Voahangy Soarimalala.) / **Figure 7.** Nine kilometers to the west of Ranohira at Zahavola, just off the Route National 7, is the interpretation center of the Isalo National Park. The center contains a variety of different displays and panoramas that provide important insights for visitors on the local cultural groups, as well as the biodiversity. The building style and materials used in its construction blend in a very harmonious manner into the natural rock formations of the Isalo Massif. (Photo by Voahangy Soarimalala.)

ébullition ; cette dernière solution requiert beaucoup d'énergie, principalement du bois de chauffe, et représente un risque d'incendie considérable dans un environnement hautement inflammable. Autrement, on peut utiliser un filtre manuel ou des pastilles purifiantes disponibles dans les pharmacies de grandes villes. Pour les visiteurs souhaitant entrer dans le parc avant l'ouverture officielle à 8 h, pour une visite matinale lorsque les animaux diurnes sont les plus actifs,

boil; the latter technique consumes considerable energy resources and fire wood is locally scarce, as well posing a fire risk in a highly flammable landscape. Alternatively, some form of water purification tablets will serve the needed purpose and these are available at pharmacies in the larger cities of Madagascar. For visitors wishing to enter the park when it opens at 8 a.m. for early morning visits, the period most diurnal animals are active, it is suggested to spend the

il est suggéré de passer la nuit dans un hôtel proche de Ranohira ou sur un site de campement dans le parc.

Le nombre de circuits touristiques dans le parc national est considérable et comprend trois catégories : 1) circuits pédestres (marches à la journée ou treks longue distance sur plusieurs jours), 2) circuits mixtes en voiture avec quelques marches, et 3) circuits VTT courte ou longue distances. Dans tous les cas, les visiteurs doivent être accompagnés de guides locaux obligatoirement engagés au bureau de Madagascar National Parks à Ranohira. Les **distances données ci-après correspondent au trajet aller et non à la boucle aller-retour**. La plupart des circuits sont ponctués d'aires de repos et/ou pique-nique et de points de vue. Certains circuits disposent de structures fixes d'escalade (via ferrata) nécessitant parfois un équipement adapté.

Circuits principalement pédestres courte distance

Namaza, Cascade des Nymphes et Piscine noire & bleue, 3 km de route et 3 km à pied : Le trajet en voiture mène de Ranohira, en contrebas du bureau de Madagascar National Parks, au parking de Mangily à 3 km, d'où part la courte marche jusqu'au campement de Namaza. Le sentier qui pénètre dans le canyon de Namaza débute après avoir longé des rizières et des marécages (Figure 8), puis il longe la rivière Namaza à travers une luxuriante forêt ripicole et au gré d'une série de chutes, dont la Cascade

night in hotels around or in Ranohira or a camping site within the park.

The number of tourist circuits in the national park are considerable and include three different types: 1) mostly on foot (relatively short day trips or long distance several day treks), 2) mostly by car with a section on foot, and 3) short or long-distance mountain bike trails. In all cases, visitors need to be accompanied by local guides, which should be arranged at the Madagascar National Park office in Ranohira. All of the **distances given below are one-way and not round-trip**. Many of the circuits have rest and picnic areas, as well as lookout viewpoints. Certain trails have fixed climbing routes (via ferrata) and in some cases require specific equipment.

Largely on foot and relatively short distances

Namaza and then passing to the Cascade des Nymphes [Waterfall of the Nymphs] and Piscine Noire et Bleue [Black and Blue Pool], 3 km [4.4 miles] driving and then 3 km on foot. The road starts at Ranohira, just below the Madagascar National Park office and after 3 km arrives at the Mangily parking area. From here, it is a short distance on foot to the Namaza camping site, passing along the edge of an area with marsh vegetation and rice fields (Figure 8), and just behind is the trail entering the Namaza Canyon. Here the trail follows the Namaza River and is in luxuriant riverine forest, with a series of cascades, including the Cascade des Nymphes, and also involves some leap hopping between river bed rocks and a bit of climbing.

Figure 8. Après leur parcours dans les canyons du massif de l'Isalo, notamment sur le versant oriental, les cours d'eau alimentent des zones marécageuses (ici avec *Pandanus variabilis*) et des cultures, dont les rizières irriguées. On voit ici la zone située le long de la Rivière Namaza. (Photo par Madagascar National Parks.) / **Figure 8.** After leaving the Isalo Massif, notably on the eastern side, the streams flowing in the canyons, provide water for areas with marsh vegetation (here with *Pandanus variabilis*), as well as different types of agriculture, including rice paddy. Here is shown the area along the Namaza River. (Photo by Madagascar National Parks.)

des Nymphes ; des enjambées de roches en roches et quelques courtes escalades conduisent finalement à la Piscine noire & bleue, l'endroit rêvé pour une baignade relaxante. Divers animaux sont rencontrés dans cette zone, dont le Lémur catta (*Lemur catta*) (Figure 9) et de nombreux oiseaux. Le sentier entre le parking et le site de campement est facile, mais plus ardu au-delà.

Piscine naturelle, 6 km : Ce circuit inclut également la piste de Ranohira au parking de Mangily. Le sentier, qui débute juste avant le campement

The trail ends at the Piscine Noire et Bleue, a perfect place for a relaxing swim. A number of animals can be observed in the area, including Ring-tailed Lemurs (*Lemur catta*) (Figure 9) and a variety of birds. The section of the trail from the parking to the camping site is simple and from the camping site to the end of the trail a bit difficult.

Piscine Naturelle [Natural Pool], 6 km [3.7 miles], which follows the same road mentioned above from Ranohira for 3 km [4.4 miles] to the Mangily parking area. The trail head

Figure 9. L'une des espèces de lémuriens emblématiques que l'on peut trouver à Isalo est le Lémur catta (*Lemur catta*), présent dans différents habitats, y compris la végétation dense des forêts riveraines de canyons. (Photo par Ken Behrens.) / **Figure 9.** One of the iconic lemur species that can be found at Isalo is the Ring-tailed Lemur (*Lemur catta*), which occurs in different habitats, including the dense vegetation in the riparian forests of canyons. (Photo by Ken Behrens.)

Figure 10. Au bout du circuit Namaza, on trouve un magnifique enchaînement de cascades et de bassins naturels, dont la Piscine Naturelle, où les visiteurs peuvent se rafraîchir ou se baigner dans un cadre calme et serein. (Photo par Chien Lee.) / **Figure 10.** At the end of the Namaza circuit is a beautiful series of natural waterfalls and pools, where visitors can bath and refresh themselves in a very tranquil and serene place that is known as the Piscine Naturelle. (Photo by Chien Lee.)

Namaza (voir circuit Namaza), traverse divers paysages, dont des prairies ouvertes, des massifs gréseux sculptés et érodés, des forêts de *tapia*, des zones de végétation luxuriante et se termine dans une oasis au cœur d'un canyon avec de grands bassins : la Piscine Naturelle (Figure 10). Le sentier passe également à proximité des tombeaux Bara. Il est possible de camper sur le site d'Analatapia. Certaines portions de ce circuit sont considérées difficiles.

Tapia - Chemin des crêtes, 4,2 km : Le sentier, qui débute juste avant le campement Namaza (voir circuit Namaza), part vers le Sud à travers une forêt de *tapia*, ensuite vers l'Ouest en offrant des vues fantastiques sur les parties hautes du massif de l'Isalo vers l'Est. Ce circuit nécessite 2 h 30 depuis le campement Namaza sur un sentier dont la difficulté est modérée.

Circuits treks et longues randonnées

Grand tour, 40 km : La distance dépend des tracés choisis et peut atteindre jusqu'à 120 km ; il est indispensable de discuter du parcours prévu au bureau d'entrée de Madagascar National Parks afin d'établir les modalités selon l'itinéraire, la durée estimée, les sites de bivouac envisagés, les porteurs nécessaires et le jour et le point de rendez-vous au retour. Ces informations permettront également d'estimer la quantité de provisions à acheter à Ranohira. Le circuit débute au nord-est du massif à côté de Benonoky (au nord du village d'Andremandero) et monte rapidement

starts a short distance before arriving at the Namaza camping site (see above Namaza circuit) and passes through different landscapes, including open grasslands, eroded and sculpted sandstone, *tapia* woodland, areas with luxuriant vegetation, and ends in a canyon water oasis with large pools known as the Piscine Naturelle (Figure 10). The trail also passes in close proximity to Bara tombs. There is the possibility of camping at Analatapia. Portions of the trail are best considered as difficult.

Tapia - Chemin des crêtes [Tapia – Crest Trail] and also known as Circuit Crêtes [Crest Circuit], 4.2 km [2.6 miles], which starts close to the Namaza camping site (see Namaza circuit, above), and then heads towards the south via a *tapia* forest and subsequently towards the west, providing fantastic views from the upper section of the Isalo Massif towards the east. From the Namaza site it takes about 2.5 hours and trail is of moderate difficulty.

Long-distance trekking trails

Grand Tour [Big Tour], 40 km [24.9 miles]), but the distance depends on the exact route to be followed and in certain cases can be distinctly longer and up to 120 km [75 miles]. These are aspects that should be discussed in detail at the Madagascar National Parks office in Ranohira in order to make the needed arrangements for the trekking itinerary, planned camping sites, estimated number of days and porters, and day and pick-up point. With these aspects in hand,

Figure 11. Dans la partie centrale du parc se trouve un site connu sous le nom de « Grotte des Portugais ». Cet abri sous roche avec quelques cavités peu profondes marquées de différentes traces humaines est un site archéologique mal connu qui a apparemment été occupé du XVIe siècle et peut-être jusqu'au XVIIIe siècle par des inconnus, dont au moins des Portugais. (Photo par Madagascar National Parks.) / **Figure 11.** In the central portion of the park is a site known as the "Grotte des Portugais". This rock shelter with some shallow niches and different forms of human modification is a poorly known archaeological site that was apparently occupied during the 16th century and perhaps as late as the 18th century by some unknown people, but at least in part attributed to the Portuguese. (Photo by Madagascar National Parks.)

sur l'escarpement oriental du massif. Il est recommandé de visiter, au moins, la Grotte des Portugais (Figure 11), dénommée localement Grotte de Teniky, puis la forêt de Sahanafa, une zone encore habitée avant la création du parc. Ce circuit restera gravé dans la mémoire des randonneurs du fait de la diversité des paysages et des panoramas parcourus, de la variété des types de végétation traversés, des plantes rupestres aux forêts riveraines, et des différents animaux rencontrés.

the quantity of dried food reserves can be calculated and purchased in Ranohira. The trail starts on the northeastern side of the massif, near Benonoky (to the north of the village Andremandero), and quickly climbs the eastern escarpment of the massif. At the very least it is suggested to visit the Grotte des Portugais (Figure 11), known locally as Grotte de Teniky, and then the Sahanafa Forest, an area that was previously occupied by people long before the creation of the park. The diverse landscapes, often with

Circuits pistes (surtout 4x4) & marches – guides locaux obligatoires

Anjofo, 29 km, dont 5 km à pied : Le circuit en voiture 4x4 débute à Ranohira se dirigeant vers l'Est sur une courte distance le long de la RN7, puis bifurque vers le nord juste après le Motel de l'Isalo vers le Nord et longe l'Est du parc.. Ce circuit parcoure divers paysages, notamment des rizières irriguées de bas-fonds et des petites rivières avant d'entrer à pied dans un canyon et atteint la belle cascade d'Anjofo après deux heures de marche. Des portions du sentier traversent des forêts ripicoles abritant de nombreux animaux, dont des espèces de lémuriens diurnes, ainsi qu'une variété d'insectes, de reptiles et d'oiseaux. La partie pédestre du circuit présente une difficulté moyenne.

Antsifotra, 34 km au total, incluant 5 km à pied : Le circuit en voiture débute à Ranohira vers l'Est, puis bifurque juste après le Motel de l'Isalo vers le Nord et longe l'Est du parc. Ce circuit est particulièrement varié avec des vues sur des rizières irriguées de bas-fonds et des petites rivières. La partie pédestre du circuit traverse des canyons et des forêts riveraines qui abritent de nombreux animaux, dont le Lémur catta et le Lémur à front roux méridional (*Eulemur rufifrons*), ainsi que des reptiles et oiseaux variés. A la fin du sentier, se trouve une belle cascade et il est possible de se baigner dans la piscine adjacente. La partie pédestre du circuit présente une difficulté moyenne.

panoramic views, as well as different types of vegetation from rock-dwelling plants to riverine forests, and seeing a range of different animals, will be an experience etched into the trekkers' memories.

Largely with motor vehicle (four-wheel drive), some portions on foot, and local guides are obligatory to accompany tourists

Anjofo, 29 km [18 miles] total and 5 km [3 miles] on foot, with the road portion starting at Ranohira, traveling east a short distance along RN7, turning north just after the Motel de l'Isalo, and continuing on the road passing along the eastern side of the park. This circuit passes through some diverse landscapes, including lowland rice culture, traversing small rivers, and the on foot section enters into a canyon and after a couple of hours walking reaching the beautiful Anjofo waterfalls, and it is possible to swim in the adjacent pool. Portions of the trail pass through riverine forest formations with a considerable number of animals, including the chance to see different diurnal lemur species, as well as a variety of insects, reptiles, and birds. The walking section of this trail is of medium difficulty.

Antsifotra, 34 km [21 miles] total, including 5 km [3 miles] on foot and the road commences at Ranohira, traveling east along RN7 a short distance, turning north just after the Motel de l'Isalo, and continuing on the road passing along the eastern side of the park. This circuit is notably varied, including views of lowland

Canyon des Makis (ou Canyon des Singes) et Canyon des rats, 17 km, dont 2 km à pied : Le circuit en voiture débute à Ranohira vers l'Est, puis bifurque juste après le Motel de l'Isalo vers le Nord et longe l'Est du parc. La partie pédestre du circuit débute à côté de l'ancien village royal de Ranohira, appelé aujourd'hui Ranohira Basse ou parfois Le Vieux Ranohira ; il traverse des rizières saisonnières puis une rivière et monte sur le massif en passant à côté d'un site funéraire Bara avec ses sarcophages. Dans les canyons, les visiteurs découvriront des forêts galeries particulièrement denses avec des vues spectaculaires et auront la chance d'observer de nombreux animaux. Sur les falaises des canyons, souvent en haut, on trouve des petites cavités utilisées comme dernière demeure funéraire pour les Baras, après le rite du *famadihana* (voir ci-après Aspects culturels). Ce circuit combine la découverte des diverses merveilles de l'Isalo, plantes et animaux, ainsi qu'un aperçu de la culture Bara, passée et actuelle, dont les vestiges de l'ancien village royal. La partie pédestre du circuit présente une difficulté moyenne.

Via Ferrata, 25 km de route et 750 m de rampe métallique fixée dans la roche (Figure 12) : Le circuit en voiture débute à Ranohira vers l'Est, puis bifurque vers le Nord juste après le Motel de l'Isalo jusqu'au village d'Andremandero. Depuis le parking, le sentier traverse une zone de prairies avec quelques rizières, des tombeaux, des points de vue inoubliables, ainsi qu'un affleurement rocheux avec

rice cultivation, small rivers, and the walking section entering into canyons and in riverine forest formations with a considerable number of animals, including Ring-tailed Lemurs and Red-fronted Brown Lemur (*Eulemur rufifrons*) and a variety of reptiles and birds. At the end of the walking trail is a beautiful waterfall, and it is possible to have a dip in the adjacent pool. The walking section of this trail is of medium difficulty.

Canyon des Makis (or sometimes called Canyon des Singes) [Lemur or Monkey Canyon] and Canyon des Rats [Rat Canyon], 17 km [11 miles] by road and about 2 km [1.2 miles] on foot, with the road portion of the trip starting at Ranohira, traveling east along RN7 a short distance, turning north just after the Motel de l'Isalo, and continuing on the road passing along the eastern side of the park. The walking portion of the circuit starts in close proximity to the ancient royal village of Ranohira, today referred to as Ranohira Basse or sometimes referred to as Le Vieux Ranohira (old Ranohira), and crosses seasonal rice fields, a river, and then climbs into the massif and passing some Bara burial sites with sarcophagi. In the canyons, visitors will discover notably dense gallery forests, complete with scenic views and the chance to view a variety of animals. High on the canyon walls are relatively small openings that serve as the final resting places for deceased Bara after the *famadihana* ritual (see below under Cultural Aspects). This circuit combines aspects of the natural wonders of Isalo, including plants and animals, as well as insights into past

Figure 12. Dans certaines parties du parc, des aménagements spécifiques ont été installés pour agrémenter l'expérience de la visite, tels que cette Via Ferrata (« chemin de fer ») composée de barreaux, de marches et d'échelles métalliques, qui permettent aux visiteurs d'escalader les portions presque verticales de la falaise. (Photo par Madagascar National Parks.) / **Figure 12.** In certain areas of the park, special infrastructure has been installed to increase the excitement of site visits. Here is shown the Via Ferrata ("iron path") on a nearly vertical rock face and composed of metal rungs, steps, and ladders, which allow visitors to scale the cliff face. (Photo by Madagascar National Parks.)

de la végétation rupestre, dont des *Pachypodium*. L'accès à ce circuit est aisé excepté la partie *via ferrata* qui longe la falaise.

Malaso, 21 km, dont 2 km à pied : Ce circuit se fait principalement en voiture, avec une courte marche qui amène les visiteurs à un point de vue et permet

and current cultural aspects of the Bara; these include the remains of the former royal village. The walking section of this trail is of medium difficulty.

Via Ferrata, 25 km [16 miles] by road and about 750 m across a metal rail bolted into the massif rock (Figure 12). The road starts at Ranohira and one follows the RN7 east for a short distance and after the Motel de l'Isalo, turn north and until the village of Andremandero. From the parking area, the foot trail passes through a largely grassland area, but with some rice fields, local tombs, and a zone with rock-dwelling vegetation including *Pachypodium*, and some memorable look-out points. In general access along this circuit is simple, with the exception of via ferrata which passes along a cliff face.

Malaso, 21 km [13.0 miles]. The majority of this circuit is done by car, with about 2 km on foot that takes visitors to a lookout point, and along the trail one can see a range of different plants, most being rock-living, possible lemurs, and remarkable geological formations, including the Canyon of Tsihitafototra. The road passes by the Loup de l'Isalo. At Ampasimaiky there is a picnic area. The walking section of this trail is of medium difficulty.

Long distance mountain bike trails and local guides are obligatory to accompany tourists

Medium length bike route or Moyen circuit VTT, about 30 km [19 miles] and at a normal pace takes about a

de découvrir des formations rocheuses spectaculaires, dont le Canyon de Tsihitafototra, de nombreuses plantes, la plupart adaptées à pousser sur les rochers et quelque fois des lémuriens. La route passe par le Loup de l'Isalo. Une aire de pique-nique se trouve à Ampasimaiky. La partie pédestre du circuit présente une difficulté moyenne.

Circuits VTT – guides locaux obligatoires

Moyen circuit VTT, 30 km, faisable en une demi-journée : Ce circuit VTT offre un large aperçu du Parc National et de

one-half day to complete. This bike trail provides a broad view of the national park and its extraordinary landscapes, passing through the *tapia* and sclerophyllous woodland, as well as several prominent geological features sculpted by nature, such as the Botte de l'Isalo, Loup de l'Isalo, and Fenêtre de l'Isalo (Figure 13). The trail difficulty is best considered as slightly adventurous.

Long length bike route or Grand Circuit VTT, about 80 km [50 miles] and best to do with an overnight along the track at Korobe. This bike path is an extension of the Medium length

Figure 13. Le massif de l'Isalo présente en divers endroits des éléments sculpturaux particuliers, comme ce monument naturel connu sous le nom de Fenêtre de l'Isalo ; c'est une attraction touristique populaire, en particulier en fin d'après-midi pour assister au coucher du soleil. (Photo par Christian Mütterthies.) / **Figure 13.** Portions of the Isalo Massif have notably sculpture features, such as this natural monument known as Fenêtre de l'Isalo or Isalo Window. This is a popular place for tourists to visit in the late afternoon to witness the sun set. (Photo by Christian Mütterthies.)

Figure 14. Le parc abrite diverses étendues d'eau douce qui héberge souvent des concentrations d'oiseaux aquatiques, en particulier des canards, comme par exemple la Sarcelle à bec rouge (*Anas erythrorhyncha*) photographiée ici au lac Andranovorikalao, le long du Grand Circuit VTT. (Photo par Madagascar National Parks.) / **Figure 14**. The park contains a number of areas with expanses of freshwater and that often contain concentrations of waterbirds, particularly ducks. Here is shown Lake Andranovorikalao, along the Grand Circuit VTT, and with a number of ducks, mostly Red-billed Teal (*Anas erythrorhyncha*). (Photo by Madagascar National Parks.)

ses paysages extraordinaires, passant par les forêts sclérophylles de *tapia* et aux abords de formations géologiques caractéristiques sculptées par la nature, tels que la Botte, le Loup et la Fenêtre de l'Isalo (Figure 13). Vu sa difficulté, ce circuit est considéré comme légèrement aventureux.

Grand circuit VTT, 80 km, prévoir idéalement un bivouac à Korobe : Ce circuit est une extension du moyen circuit et conduit vers d'autres zones du parc, donc le lac Andranovorikaolo qui abrite souvent de nombreux oiseaux d'eau (Figure 14).

bike route and carries on to other portions of the park, including Lake Andranovorikaolo, which can often contain considerable numbers of waterbirds (Figure 14).

Cultural aspects: For the local ethnic groups, for which the Bara dominate this portion of the island, the park has numerous sacred zones and different cultural rituals are practiced. Within the protected area, there are numerous sites with historical and modern tombs. A Bara king, known as Ramieba, coming from the region of Ivohibe, to the south of Andringitra,

Aspects culturels : Pour les populations environnantes, dont les Bara sont le groupe ethnique dominant dans cette région de l'île, le parc abrite de nombreuses zones sacrées où sont pratiqués divers rites ; on y trouve de nombreux sites funéraires historiques et actuels. Un roi Bara, nommé Ramieba et originaire d'Ivohibe au sud de l'Andringitra, s'installa dans la région dénommée aujourd'hui Ranohira Basse en raison des eaux abondantes provenant du massif de l'Isalo, indispensables pour garantir la productivité des rizières. Pour son bain, le roi disposait d'un endroit en amont distinct de celui de ses congénères. Lors de l'un de ses bains quotidiens, le roi rencontra des Lémurs catta (*Lemur catta*, appelé *hira* dans le dialecte local) qui s'abreuvait au même endroit, qui fût ainsi nommé Ranohira « l'eau des lémuriens ».

Durant une bataille contre les colons français à la fin du XIXe siècle, le roi Ramieba fût capturé et assassiné. Il fût ordonné par les colons vainqueurs à la population et à son petit-fils Tsimangataky, proclamé nouveau roi, de quitter les lieux et de s'installer dans le chef-lieu administratif, centre de l'actuel Ranohira. Ainsi, les Baras possèdent deux sites d'origine, l'un à Ranohira, l'autre à Ranohira Basse.

D'origine Bantoue, les Baras sont des bouviers réputés et d'éminents éleveurs de zébus (*aomby* en Malagasy) (Figure 15). Une part importante de leurs traditions est intimement liée à la vie des zébus, que ce soit dans la vie de tous les jours, comme aliment (viande et lait) ou capital familial, ou à la mort comme

settled in the area that is today Ranohira Basse, mostly associated with the abundant water coming from the Isalo Massif, and proving the necessary for productive rice fields. This king had a separate bathing place from the balance of the local people, a bit further upstream. During his daily bath, the king encountered Ring-tailed Lemurs (*Lemur catta*, or *hira* in the local dialect of Malagasy) drinking water (*rano* in Malagasy) at the site which was named "the water of the hira" or Ranohira.

During a battle against the French colonialists in the last years of the 19th-century, King Ramieba was captured and assassinated. His grandson, the new King Tsimangataky, was ordered by the victorious colonialists for the local population to leave Ranohira Basse and take up residence in the local administrative center of the modern Ranohira. The local Bara people therefore have two sites of residence, one in Ranohira and another in Ranohira Basse.

The Bara are of Bantu origin and are very proficient cattle (zebu or *aomby* in Malagasy) herders and breeders (Figure 15). Many of their cultural practices are closely tied to different aspects of zebu, whether in life as food (meat and milk), being in many ways the family bank account, or in death to create a liaison with the ancestor cult. Family herds can reach hundreds of animals and the number of zebu determines the social rank of the family in the local community. Starting at a young age, boys are introduced to zebu herding and a range of rodeo-like activities. There is a ritual of passage for teenage males to adulthood by

Figure 15. En général, le zébu occupe une place très particulière dans le mode de vie du peuple Bara, le groupe ethnique qui vit autour du massif de l'Isalo, et cela perdure encore aujourd'hui. De nombreuses populations locales possèdent des troupeaux, qui représentent le capital familial, le compte en banque pour ainsi dire ; ainsi, les familles qui possèdent d'importants cheptels sont considérées comme très riches. De plus, ces animaux représentent le lien avec le monde spirituel des défunts à la base du culte des ancêtres. Enfin, les zébus sont utilisés comme animaux de trait, pour le labour des rizières et pour tracter les charrettes à bœufs (*sarety* en Malagasy). (Photo par Madagascar National Parks.) / **Figure 15.** In a classical manner, cattle (zebu) have a very special place in the way of life of the Bara people, the group that lives around the Isalo Massif, and this very much continues until today. A number of local people have herds of zebu, which represent the family investment, the bank account so to speak, and those families with many animals are considered notably wealthy. In addition, these animals represent the link with the spiritual world of the deceased and part of ancestor cult. Finally, zebus are used as a work animal, to help turn the soil of rice paddy and to pull oxen carts (*sarety* in Malagasy). (Photo by Madagascar National Parks.)

liens avec les défunts à travers le culte des ancêtres. La taille du troupeau de chaque clan définit le rang social au sein de la communauté ; certains troupeaux peuvent atteindre plusieurs centaines de têtes. Dès leur plus jeune âge, les garçons sont forgés à l'élevage et à des joutes semblables aux rodéos. Pour prouver leur force et bravoure, les adolescents sont stealing these animals to prove that they have strength and courage. Upon the death of the zebu herd owner, a large number of animals are killed, in part associated with satisfying the ancestors and in part to feed the large number of people attending the funerary rituals. As you move through central southwestern Madagascar, particularly the area occupied by the Bara, one can see tombs that often

astreints à un rite de passage qui les oblige à voler des zébus. A la mort d'un éleveur, un nombre considérable de bœufs est sacrifié, d'une part pour satisfaire les ancêtres et d'autre part pour nourrir les innombrables participants à la cérémonie funéraire. En traversant le Centre Sud-ouest de Madagascar, la région des Baras, on peut voir des tombeaux affublés de cornes ou de parties des crânes de zébus sacrifiés durant les funérailles du défunt.

Pour les Baras, la mort (*fahafatesana* en Malagasy) est un cheminement naturel qui marque la fin de la vie terrestre ; à sa mort, le défunt appelé désormais ancêtre (*razana* en Malagasy) est placé dans une tombe temporaire. Environ deux ans après a lieu le rituel fondamental du retournement des morts (*famadihana* en Malagasy) où la dépouille mortelle est déplacée vers le tombeau définitif situé dans une grotte ou une anfractuosité et obligatoirement située plus haut que la tombe temporaire (Figure 16). La localisation du tombeau symbolise la position intermédiaire des défunts entre les vivants et le divin (*Andriamanitra* en Malagasy).

Quelques traces d'occupation humaine sont connues dans le Centre-ouest de l'île, en particulier à l'ouest de l'Isalo ; ceux-ci datent du XIIIe au XVe siècle selon les preuves archéologiques. On supposait auparavant que c'était le premier indice de colonisation humaine de Madagascar, il y a plusieurs milliers d'années, mais qui aurait nécessité plusieurs siècles pour atteindre cette région au cœur de l'île ; deux

have the partial skulls and associated horns of sacrificed zebu associated with the funerary rites of the occupant.

Among the Bara, death (*fahafatesana* in Malagasy) is the end of the life of a human, a natural process. After the passage of a person, now an ancestor (*razana* in Malagasy), the person is placed in a temporary tomb. About two years thereafter, an important ritual takes place, known as the "turning of the dead" or *famadihana* in Malagasy, when the mortal remains are moved from the temporary tomb to the definitive tomb, which is located in a cave or rock crevice and always in a higher position than the temporary tomb (Figure 16). The tomb and its position is symbolic and indicates that the deceased is in an intermediary position between god (*Andriamanitra* in Malagasy) and the living.

A few relatively early human occupation sites are known in the central west of the island, mostly to the west of Isalo, and based on current archaeological evidence these date from the 13th to 15th centuries. Hence, it was previously assumed that after what was previously considered be the initial human colonization of the island, several thousand years ago, it took people several centuries to reach this portion of the interior. Two aspects from the archeological record call this conclusion into question. The first is the detailed description by a Malagasy archeologist of rock paintings in close proximity to the Isalo Massif that have motifs with close cultural ties with North Africa and date from between 500 BC to the 8th century (Figure 17). Further, recent work at a site in close proximity to Isalo uncovered

Figure 16. La tradition funéraire locale des Baras consiste à enterrer d'abord leurs morts dans des tombes temporaires, puis après environ deux ans, intervient un rituel important, connu sous le nom de « retournement des morts » ou *famadihana* en Malagasy, qui consiste à déplacer la dépouille mortelle vers le tombeau définitif dans une grotte ou une cavité rocheuse toujours située à un endroit plus élevé que le tombeau provisoire. Le tombeau et sa position sont symboliques et indiquent que le défunt est dans une position intermédiaire entre les vivants et le divin (*Andriamanitra* en Malagasy). (Photo par Louise Jasper.) / **Figure 16.** The local Bara tradition is to first bury their dead in temporary tombs and then about two years thereafter, an important ritual takes place and known as the "turning of the dead" or *famadihana* in Malagasy, when the mortal remains are moved from the temporary tomb to the definitive tomb, which is located in a cave or rock crevice and always in a higher position than the temporary tomb. The tomb and its position are symbolic and indicate that the deceased is in an intermediary position between god (*Andriamanitra* in Malagasy) and the living. (Photo by Louise Jasper.)

faits archéologiques ont remis cette hypothèse en question. Le premier élément fût la description détaillée par un archéologue Malagasy de peintures rupestres à proximité de l'Isalo, dont les motifs se rapprochent étroitement de ceux trouvés en Afrique du Nord et datés entre 500 avant JC et le VIIIe siècle (Figure 17). De plus, des fouilles récentes à proximité de l'Isalo ont mis à jour des vestiges d'oiseaux-éléphants géants (Aepyornithidae),

remains of extinct giant elephant birds (Aepyornithidae) with stone tool cut marks in the excavated bones and based on radiocarbon analysis these birds were alive some 10,000 years ago! The people that were responsible for the bone remains found at this site and their origins remain a mystery, but almost certainly not of the same cultural group of modern Bara living in the region. What is clear based on these new lines of evidence is that

Figure 17. Ces peintures rupestres, dans un abri sous roche de l'Isalo à Ampasimaiky, ont été datées entre 500 avant JC et le VIIIe siècle. On y voit des figures schématiques, géométriques ou indéfinies, des représentations de bovins et une probable écriture. (Photo par Tanambelo Rasolondarainy.) / **Figure 17.** Rock painting panel at Ampasimaiky rock shelter, Isalo, dating from between 500 BC to the 8th century. In the drawings are displayed schematic, geometric or amorphous figures, depictions of cattle, and a possible inscription. (Photo by Tanambelo Rasolondrainy.)

aujourd'hui éteints, dont certains os présentaient des entailles faites avec des outils en pierre ; sur la base d'analyse au radiocarbone, ces oiseaux étaient pourtant encore vivants il y a 10 000 ans ! La nature et l'origine des auteurs de ces entailles restent un mystère, mais il est presque certain qu'ils n'étaient pas du même groupe que les Baras qui habitent cette région aujourd'hui. Ce qui est clair, à la lumière de ces dernières trouvailles, c'est que des communautés habitaient et exploitaient les ressources naturelles dans cette région depuis plusieurs millénaires, et dont certaines seraient

people have been present in the area and exploiting local natural resources for several millennia, including the earliest of which is best considered Neolithic or Stone Age cultures. These new findings in the Isalo area have been the source of considerable discussion in the archeological literature, but underline in general how little we know about Madagascar and specifically about the original date of human colonization of the island.

Being a tourist village, the town of Ranohira is rich in cultural events, including four important occasions each year:
1) World Women's Day on 8 March,

associées à la période néolithique ou à l'âge de pierre. Ces découvertes récentes dans la région de l'Isalo ont engendré des discussions animées dans la littérature archéologique et mis en lumière combien les connaissances sur Madagascar sont limitées, en particulier sur la date de la première colonisation humaine de l'île.

En tant que cité touristique, Ranohira offre une variété d'événements culturels, dont quatre manifestations annuelles :

1) Journée internationale des droits de la femme le 8 mars,
2) Journée internationale de l'environnement le 5 juin,
3) Isalo Raid, défi sportif, dernier week-end de juillet : Placé sous le signe de l'échange et de la découverte, cet événement réunit des participants nationaux et étrangers ; il est organisé par RANDO RUN en partenariat avec Madagascar National Parks, l'Office régional du tourisme de l'Isalo et de l'Ihorombe (ORTII) et la Commune de Ranohira.
4) Festival Karitaka, à l'ouverture de la saison touristique, début septembre : Cet événement est un festival de musique, en particulier celle de l'ethnie Bara, plus précisément un style musical connu sous le nom de *karitaky* en Malagasy, qui comprend des tambours et qui s'accompagne de flûtes et de sifflets traditionnels. Le festival Karitaka est un événement socioculturel qui a pour objectif de promouvoir et de conserver la culture Bara ; chaque année, le festival rassemble 3000 à

2) World Environment Day on 5 June,
3) Isalo Raid taking place the last week of July, highlighting sports tourism, and organized by RANDO RUN in partnership with the Madagascar National Parks, the Isalo and Ihorombe Regional Office of Tourism (L'Office Régional du Tourisme Isalo Ihorombe or ORTII), and the Municipality of Ranohira. This event is one of exchange and discovery bringing together national and foreign participants.
4) Karitaka Festival taking place at the start of the tourist season in early September. This event is a music festival and highlighting the Bara ethnic group, specifically a style known as *karitaky* in Malagasy, which includes some drumming and accompanied by traditional flutes and whistles. The Karitaky Festival is a socio-cultural event with the aim of conserving and promoting Bara culture. Each year, the festival brings together 3000 to 4000 individuals, including national and international visitors.

Vegetation and flora: Given the location of the Isalo National Park on the western edge of the Central Highlands, the climate is relatively cool with moderate precipitation falling for several months per year. Fires, which regularly spread across the massif some decades ago and before the area was declared as a protected area, are less frequent today, but still occur.

Apart from the riparian forest found in the deeply carved canyons of this sandstone massif, forest occurs principally in the western third and northeast of the protected area as

4000 visiteurs, nationaux et internationaux.

Flore et végétation : Compte tenu de l'emplacement du Parc National de l'Isalo, situé en bordure occidentale des Hautes-terres centrales, le climat est relativement frais avec des précipitations modérées tombant plusieurs mois dans l'année. Avant la promulgation de la zone en aire protégée, les feux parcouraient régulièrement le massif il y a quelques décennies encore, mais ils sont moins fréquents ces dernières années.

degraded sclerophyllous woodland. Elsewhere, on the slopes and summits, there are vast stretches of grasslands, including some native and endemic grasses; these cover about 40% of the protected area.

The sclerophyllous woodland has likely been long impoverished by fire. Currently, the tree layer is 50% open in this formation, about 7 m (23 feet) high, largely dominated by *tapia* (*Uapaca bojeri*, Phyllanthaceae), and associated with other woody vegetation. There is a significant herbaceous grass layer, though

Figure 18. Le spectaculaire paysage de l'Isalo est dominé par un massif gréseux à canyons profondément découpés, abritant une végétation rupicole et, au pied des falaises, des forêts sclérophylles dominée par *Uapaca bojeri* (Phyllanthaceae) (à gauche). La végétation du massif a été modelée par le feu. (Photo par Louise Jasper.) / **Figure 18.** The exceptional landscape of Isalo is dominated by a sandstone massif with deeply cut canyons, holding riparian vegetation with sclerophyllous woodland dominated by *Uapaca bojeri* (Phyllanthaceae) at the foot of cliffs (to left). The vegetation of the massif has been shaped by fire. (Photo by Louise Jasper.)

En dehors des canyons qui découpent profondément ce massif de grès et où l'on trouve de la forêt ripicole, la végétation forestière se rencontre principalement dans le tiers Ouest et dans le Nord-est de l'aire protégée, sous forme de forêt claire sclérophylle dégradée. Ailleurs, sur les versants et les parties sommitales, on trouve de vastes étendues de prairies et de pâturages secondaires qui représentent 40 % de la superficie du parc.

La forêt claire sclérophylle a vraisemblablement été appauvrie de longue date par les feux. Actuellement, elle a une strate arborée ouverte à 50 % vers 7 m, largement dominée par *Uapaca bojeri* (Phyllanthaceae), associé à d'autres essences ; la strate herbacée est généralement fournie, mais diffuse par endroits (Figure 18).

Dans les fonds des canyons, à l'abri des feux et des radiations solaires et grâce au substrat humide, on trouve une forêt ripicole (Figure 19) avec, par exemple, le palmier *Ravenea glauca* (Arecaceae), des fougères arborescentes et d'autres essences. Dans les endroits où les cours d'eaux traversent de petites plaines, cette forêt ripicole s'étale en largeur et s'apparente à une forêt dense humide semi-décidue. Une variante de la forêt ripicole est également décrite dans les vallons peu profonds et au bord des ruisseaux temporaires où domine *Pandanus variabilis* (Pandanaceae) (Figure 8) qui forme parfois un dense fourré avec quelques espèces arbustives. Les palmiers *Ravenea rivularis* poussent le long des ruisseaux peu profonds

Figure 19. Dans les fonds de canyons du Massif de l'Isalo, protégés des feux et bénéficiant de substrats humides, on trouve une végétation ripicole luxuriante, parfois forestière, qui enchante de nombreux touristes visitant le parc. (Photo par Brandon Semel.) / **Figure 19.** In canyon bottoms of the Isalo Massif, which are protected from fires and benefit from moist soils, there is luxurious riparian vegetation, sometimes forest. Such areas are often of interest to the large number of tourists visiting the site. (Photo by Brandon Semel.)

in places these can be spread out (Figure 18).

In canyon bottoms, protected from fires and benefiting from moist soils and reduced solar radiation, there is a riparian forest (Figure 19) with taxa such as the palm *Ravenea glauca* (Arecaceae), tree ferns, and other woody vegetation. In locations where watercourses traverse small flatlands, this riparian forest becomes more extensive and is best described as a moist semi-deciduous forest. A variant

Figure 20. Les palmiers *Ravenea rivularis* (Arecaceae) poussent le long des ruisseaux peu profonds et à courant lent, souvent dans les canyons profonds, où ils forment des forêts marécageuses baignées d'eau courante (Figure 20) ; menacée par diverses pressions humaines, cette espèce est présente à Isalo et dans des sites voisins, dont Zombitse-Vohibasia ou le Makay, au nord du Parc National de l'Isalo, où elle a été photographiée. (Photo par Julie Rives, Naturevolution.) / **Figure 20.** The palm *Ravenea rivularis* (Arecaceae), present at Isalo and other regional localities, grows along shallow and slow moving streams, often in deep canyons. It is considered a species threatened with extinction associated with different human pressures. The image here was taken in the Makay, to the north of Isalo National Park. (Photo by Julie Rives, Naturevolution.)

et à courant lent, souvent dans les canyons profonds, où ils forment des forêts marécageuses baignées d'eau courante (Figure 20) ; présent à l'Isalo et dans certains sites voisins, dont Zombitse-Vohibasia, cette espèce est menacée par diverses pressions humaines.

On trouve une importante végétation rupicole sur les affleurements rocheux des falaises, à l'abri des feux, constituée de xérophytes comme

of riparian forest also occurs in shallow valleys and along ephemeral streams, and dominated by a *Pandanus variabilis* (Pandanaceae) (Figure 8), forming in some areas dense stands, and with several species of woody plants. The palm *Ravenea rivularis*, present at Isalo and at a number of nearby sites such as Zombitse-Vohibasia, is a species that grows along shallow and slow moving streams, often in deep canyons or

Figure 21. Sur les affleurements gréseux exposés et les parois rocheuses de l'Isalo, on trouve une association végétale particulière (rupicole), souvent dominée par le genre *Pachypodium* (Apocynaceae), bien adaptée à l'exposition directe au soleil, aux vents desséchants et aux sols peu profonds. Ce genre de plante porte plusieurs noms vernaculaires, notamment pied d'éléphant ou arbre bouteille. (Photo par Rhett Butler.) / **Figure 21.** On the exposed sandstone cliffs and rock faces of Isalo, a distinct rock-dwelling (rupicolous) plant community occurs, often dominated by the genus *Pachypodium* (Apocynaceae), which is well adapted to direct sun exposure, drying winds, and shallow soils. This genus of plant has several vernacular names, including elephant's foot plant or bottle tree. (Photo by Rhett Butler.)

les *Pachypodium* (Apocynaceae) (Figure 21) et des figuiers grimpants du genre *Ficus* (Moraceae). Dans le sud de l'aire protégée, on trouve des marécages avec divers roseaux, laîches et herbes.

Les prairies qui entourent le massif présentent un mélange d'espèces de Poaceae endémiques et non-endémiques adaptées au régime des feux ou une savane arborée principalement constituée du palmier *Bismarckia nobilis* (Arecaceae) (Figure 22). Sur les pentes externes du massif à substrat un peu humide, on trouve des forêts et des fourrés secondaires avec les essences typiques des milieux perturbés. La flore comprend des éléments caractéristiques des

in swamp forest with flowing water (Figure 20). It is a threatened species associated with different human pressures.

There is extensive rupicolous vegetation on cliffs and rock outcrops, protected from fire, with a range of xerophytic plants, including *Pachypodium* (Apocynaceae) (Figure 21), and climbing fig trees of the genus *Ficus* (Moraceae). In the south of the protected area, there are some marshes with a variety of reeds, sedges, and grasses.

The grasslands surrounding the massif have a mixture of endemic and non-endemic members of the Poaceae, many fire-tolerant, and often with a form of palm woodland, mostly made up of *Bismarckia nobilis* (Arecaceae) (Figure 22). On the outer

Figure 22. La majestueuse prairie à palmiers au bord du massif de l'Isalo est dominée par *Bismarckia nobilis* (Arecaceae). (Photo par Chien Lee.) / **Figure 22.** The majestic open palm woodland at the edge of the Isalo Massif is dominated by *Bismarckia nobilis* (Arecaceae). (Photo by Chien Lee.)

forêts denses sèches et des forêts sclérophylles à *Uapaca bojeri*.

Du côté floristique, sur la base d'une compilation réalisée en 2018, la flore de l'aire protégée compte 401 espèces de plantes, dont 391 (98 %) sont indigènes et 277 (71 %) endémiques à Madagascar. **Treize espèces de plantes ne sont connues qu'à Isalo**. Au total, 35 espèces végétales ne sont connues qu'à Isalo et quatre autres sites (au plus) à Madagascar, principalement dans les stations de forêts denses sèches de la partie Ouest de l'île ou du versant occidental des Hautes-terres. Trois familles de plantes endémiques à Madagascar sont présentes à Isalo : Asteropeiaceae,

slopes of the massif, in areas with edaphic moisture, one finds secondary forests and thickets with woody species typical of disturbed environments. The flora contains species typical of dry forest, as well as *Uapaca bojeri* sclerophyllous woodland.

From the floristic side, based on a tabulation from 2018, the protected area is known to have 401 species of plants, 391 (98%) of which are native, and of these 277 species (71%) are endemic to Madagascar. **Thirteen species are only known to occur in the Isalo Massif**. Altogether, 35 species have been documented from Isalo and not known from more than four other localities, most being other dry forest formations in

Sarcolaenaceae (bien représentée) et Sphaerosepalaceae.

Faune : L'Isalo, qui présente un mélange de forêt sclérophylle claire et de forêt ripicole, avec un faible gradient altitudinal, a fait l'objet de plusieurs inventaires biologiques et de recherche scientifique. Les vertébrés terrestres y sont raisonnablement bien connus (Tableau A). L'aire protégée abrite plusieurs espèces micro-endémiques, dont quatre sont des amphibiens, y compris la Mantelle à pattes bleues (*Mantella expectata*, Mantellidae) (Figure 23) et la Grenouille arc-en-ciel Malagasy (*Scaphiophryne gottlebei*, Microhylidae) (Figure 24). Si la liste d'amphibiens n'est pas particulièrement riche en termes de diversité spécifique, l'Isalo est un refuge important pour des espèces à distribution géographique restreinte ou micro-endémique. On y trouve d'autres vertébrés endémiques, par exemple un reptile *Trachylepis nancycoutuae* (Scincidae) et un rongeur *Eliurus danieli* (Nesomyidae) (Figure 25).

L'avifaune est principalement composée d'oiseaux communs et répandus. Une espèce de merle de roche du genre *Monticola* (Turdidae) fût décrite en 1971 comme nouvelle espèce : le Monticole de Benson (*Monticola bensoni*) micro-endémique de l'aire protégée. Cette espèce fréquente les falaises rocheuses de la région et semble bien adaptée à certains niveaux de modification d'origine humaine, avec, par exemple, des individus nichant parfois dans des bâtiments partiellement ouverts avec peu de dérangements (Figure 26). De nombreux ornithologues amateurs viennent visiter l'Isalo pour la voir.

the west or portions of the Central Highlands. Members of three families endemic to Madagascar are present at Isalo: Asteropeiaceae, the well-represented Sarcolaenaceae, and Sphaerosepalaceae.

Fauna: Isalo with its mixture of sclerophyllous woodland and riparian forest has been the subject of biological inventories and scientific research. The local terrestrial vertebrate groups are reasonably well known (Table A). The protected area has several microendemic species, of which four are amphibians, including the Blue-legged Mantella, *Mantella expectata* (Mantellidae) (Figure 23) and Malagasy Rainbow Frog, *Scaphiophryne gottlebei* (Microhylidae) (Figure 24). While the

Figure 23. L'Isalo compte quatre espèces d'amphibiens endémiques, dont la Mantelle à pattes bleues (*Mantella expectata*, Mantellidae) qui est connue sur l'ensemble du massif de l'Isalo, du nord du Parc National au sud près de la rivière Onilahy. (Photo par Chien Lee.) / **Figure 23.** Isalo has four species of endemic amphibians, including the Blue-legged Mantella (*Mantella expectata*, Mantellidae) illustrated here. This species is known the length of the Isalo Massif, from the north within the national park to the south close to the Onilahy River. (Photo by Chien Lee.)

 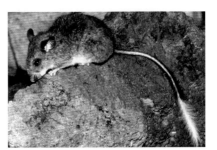

Figure 24. La Grenouille arc-en-ciel Malagasy (*Scaphiophryne gottlebei*, Microhylidae), endémique de l'Isalo et En danger d'extinction, a fait l'objet de recherches récentes sur sa biologie afin d'orienter les stratégies pour sa conservation. (Photo par Harald Schütz.) / **Figure 24.** The species illustrated here, the Malagasy Rainbow Frog (*Scaphiophryne gottlebei*, Microhylidae), which is endemic to Isalo and Endangered, has been the subject of recent studies to gain information on its natural history and apply these data to conservation strategies. (Photo by Harald Schütz.)

Figure 25. Le rongeur *Eliurus danieli* (Nesomyinae) est une espèce endémique du massif de l'Isalo ; la plupart des membres de ce genre vivent en forêt, mais cette espèce est présente dans les zones rocheuses sans couvert forestier. (Photo par Harald Schütz.) / **Figure 25.** The rodent *Eliurus danieli* (Nesomyinae) is an endemic to the Isalo Massif. Most members of this genus are forest-dwelling, but this species occurs in rocky zones with no forest cover. (Photo by Harald Schütz.)

De récentes études moléculaires sur les divers représentants du genre à Madagascar ont montré que *Monticola bensoni* ne présente que d'infimes différences génétiques avec l'espèce répandue dans l'Est, le Monticole de forêt (*Monticola sharpei*) ; ainsi, le Monticole présent dans l'Isalo est désormais considéré comme un synonyme ou une morphe géographique de celle-ci.

La diversité locale des chauves-souris est considérable avec 15 espèces, dont la plupart établissent leur dortoir journalier dans les grottes, crevasses et anfractuosités des roches sédimentaires et des imposantes parois des canyons. Une des espèces endémiques de la région est la Sérotine de l'Isalo

amphibian list is not particularly rich with regards to species diversity, Isalo is an important refuge for several taxa with limited geographical ranges or microendemics. Other local endemic land vertebrates include, for example, a reptile, *Trachylepis nancycoutuae* (Scincidae), and an endemic rodent, *Eliurus danieli* (Nesomyidae) (Figure 25).

For the most part, the local bird fauna is composed of common and widespread species. A species of rock thrush of the genus *Monticola* (Turdidae) was described from the protected area in 1971 as new to science and considered a local endemic, Benson's Rock Thrush, *Monticola bensoni*. This species occurs on the rock cliffs in and around Isalo and seems well adapted at certain levels of human modification

Figure 26. En 1971, une nouvelle espèce d'oiseau a été décrite dans l'Isalo, le Monticole de Benson (*Monticola bensoni*) et, jusqu'à récemment, elle était considérée comme une espèce endémique locale. De récentes études moléculaires sur ce genre à Madagascar ont révélé que le Monticole de Benson présentait peu de différences génétiques par rapport à l'espèce orientale répandue, le Monticole de Forêt (*Monticola sharpei*) ; ainsi, le Monticole présent dans l'Isalo est désormais considéré comme un synonyme ou une morphe géographique de cette dernière. (Photo par Chien Lee.) / **Figure 26.** In 1971 a new species of bird to science, Benson's Rock-thrush (*Monticola bensoni*), was named from the Isalo region, and until recently was thought to be a local endemic. Recent molecular research on this genus across Madagascar found that Benson's Rock-thrush showed little genetic difference to the widespread eastern species, Forest Rock-Thrush (*Monticola sharpei*), and the former is now considered a synonym or geographic form of the latter. (Photo by Chien Lee.)

Laephotis malagasyensis (Figure 27). En parcourant les canyons, on peut parfois détecter une odeur musquée distincte, qui témoigne souvent de la présence d'un dortoir journalier de chauve-souris appartenant à la famille des Molossidae.

of the environment, with, for example, individuals nesting in partially open buildings with little disturbance (Figure 26). A number of bird-watchers visit the site to see this species. Recent molecular research on members of this genus across Madagascar found that *Monticola bensoni* showed little genetic difference to the widespread eastern species, Forest Rock Thrush, *Monticola sharpei*, and the former is now considered a synonym or geographic form of the latter.

The local diversity of bats is considerable with 15 species, most making their day roost sites in caves, crevices, and niches in the sedimentary rock and towering canyon walls. One of the regionally microendemic species

Figure 27. Le massif de l'Isalo est connu pour abriter 15 espèces de chauves-souris, ce qui l'en fait l'un des sites les plus riches de l'île ; la Sérotine de l'Isalo (*Laephotis malagasyensis*) n'est connue que dans la région de l'Isalo, ce qui la définit comme une espèce micro-endémique. (Photo par Harald Schütz.) / **Figure 27.** The Isalo Massif is known to have 15 species of bats, making it one of the richest sites on the island for this group. Shown here is the Isalo Serotine (*Laephotis malagasyensis*), which is only known from the Isalo region, making it a local microendemic. (Photo by Harald Schütz.)

S'étalant du versant occidental des Hautes-terres centrales aux plaines de l'Ouest, l'aire protégée apporte également un statut biogéographique intéressant au site en termes de diversité et de transition des espèces de l'Est à l'Ouest de l'île. Enfin, compte tenu de la richesse des informations historiques disponibles sur la biodiversité, des programmes de suivi écologique devraient fournir des informations utiles sur les changements de la biodiversité et des habitats liés au changement climatique ou aux impacts à moyen terme de la fréquentation touristique, informations qui pourront permettre d'adapter les programmes de conservation.

Enjeux de conservation : La mission de Madagascar National Parks à Isalo est de conserver la biodiversité, les habitats et les paysages, y compris ses formations rocheuses uniques, tout en assurant le développement durable avec la participation et l'appui des acteurs à tous les niveaux, local, régional et national.

Le Parc National de l'Isalo et ses environs proches subissent encore des pressions anthropiques sur les habitats naturels restants ; la plus importante est les feux pastoraux allumés pour le renouvellement des pâtures. Dans la plupart des cas, ceux-ci sont allumés par des éleveurs ; des voleurs de zébus (*dahalo* ou *malaso omby* en Malagasy) le font aussi pour dissimuler leurs traces, et dans de rares occasions vraisemblablement par la foudre. L'aménagement de pares-feux (Figure 28) a fait ses preuves, mais reste un demi-succès en raison des puissants vents saisonniers qui emportent les flammèches bien

is the Isalo Serotine, *Laephotis malagasyensis* (Figure 27). When walking in the canyons, on occasion one can catch a distinctly musky smell, which is probably associated with day roost sites of bats belonging to the family Molossidae.

This protected area spans the zone from the western edge of the Central Highlands to the lowland west, adding an interesting biogeographical aspect to the site concerning species richness and how species change along an east to west transect across the island. Given the considerable historical data on local biodiversity, continued ecological monitoring programs should provide insights on biotic shifts associated with factors such as climate change and the impact of medium-scale tourism, and such data being integrated into conservation programs.

Conservation challenges: The local mission of Madagascar National Parks is to conserve biodiversity, habitats, and landscapes, including the unique monumental rock formations. This is with the support and participation of local, regional, and national actors for human sustainable development.

The Isalo National Park and its immediate periphery have human pressures on the remaining natural habitats, the most important probably being fire, which are mostly set for the renewal of cattle pasture. In most cases these are ignited by herders, cattle thieves (*dahalo* or *malaso omby* in Malagasy) who in certain cases set fires to cover their tracks, and on presumably rare occasions by lightning strikes. The installation of firebreaks has provided some mixed success (Figure 28), perhaps an important

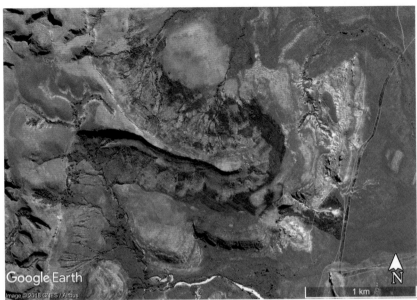

Figure 28. Vue aérienne d'une zone brûlée, y compris au-delà du pare-feu, dans le Centre-sud d'Isalo ; les lignes parallèles blanches (à droite de l'image) sont le pare-feu qui aurait dû être brulée avant la saison des feux, pour créer une zone sans végétation et empêcher ainsi la propagation de l'incendie vers l'aire protégée. (GoogleEarth, 15 juillet 2013.) / **Figure 28.** An aerial view of a burned portion in the central south portion of Isalo that includes an area inside a firebreak. The double-band structure in the extreme right portion of the image is the firebreak, which has to be burned before the fire season to remove vegetation and prevent the spread of blazes into the protected area. (GoogleEarth, 15 July 2013.)

au-delà. Une autre pression est la coupe sélective d'arbres et autres produits forestiers pour les usages ménagers, comme source de revenus (y compris le charbon) ou à des fins rituels. De plus, dans certaines zones périphériques du parc, en particulier à l'Ouest et aux environs du village d'Ilakaka, l'exploitation minière artisanale de saphir est répandue et certaines vallées sont minées par les trous d'extraction. Madagascar National Parks, en collaboration avec divers acteurs, a mis en œuvre

problem with this technique being seasonally strong winds that carry fire ambers distances greater than the width of the firebreaks. Another form of pressure includes selective cutting of forest trees and different forest products for household or commercial sale (including charcoal fabrication) and ritualistic purposes. In addition, mostly in peripheral portions of the park, particularly to the west and in the vicinity of the village Ilakaka, artisanal sapphire mining occurs and certain valleys are pockmarked by excavation

plusieurs programmes afin de réduire ces pressions qui impactent pourtant peu la beauté et la magnificence du site.

Les aménagements de conservation comprennent 169 km de pares-feux entretenus et des équipements de lutte active sont prépositionnés dans les villages stratégiques. Aucun dispositif de restauration écologique spécifique (pépinière et parcelle) n'est connu pour l'aire protégée. Une station de recherche est située à Zahavola.

L'impact du changement climatique, un problème qui affecte l'ensemble de Madagascar, s'exprime localement à Isalo par une augmentation des épisodes secs, atteignant 30 jours successifs au cœur de la saison des pluies, et une augmentation des précipitations annuelles de 111 mm entre 1985 et 2014, soit environ 0,5 % par an. Au terme de cette période de 30 ans, la fin de la saison humide s'est avancée de 10 jours. Les températures moyennes minimales ont augmenté respectivement de 1,2 °C, alors que les températures moyennes maximales n'ont pas montré de changements notables. L'impact, à moyen et à long terme, des changements climatiques sur les habitats et la biodiversité de l'aire protégée est encore incertain.

holes. These different problems have little impact on the beauty and splendor of the site, and Madagascar National Parks, together with different collaborators, have several local programs in place to reduce these pressures.

Conservation infrastructure includes 169 km (105 miles) of maintained firebreaks and active control facilities prepositioned in strategic villages. No specific ecological restoration facility (nursery and parcel) is known associated with the protected area. A research station is located at Zahavola.

There is some evidence of local climatic change, an aspect impacting Madagascar as a whole, and between 1985 and 2014, dry episodes of up to 30 days occurred at the height of the rainy season, and precipitation increased by about 0.5% annually, or around 111 mm (4.4 inches). Towards the end of this 30-year period, the rainy season tended to end 10 days earlier. Further, during this period, the average minimum daily temperature increased by 1.2°C, and the average maximum temperature did not significantly change. It is unclear what impact these climatic shifts will have in the medium- and long-term on the protected area's biota.

Avec les contributions de / With contributions from L. D. Andriamahefarivo, A. H. Armstrong, K. Behrens, W. Cocca, B. Crowley, J. Engel, L. Gautier, F. Glaw, S. M. Goodman, A. F. A. Hawkins, O. Langrand, E. E. Louis, Jr., P. P. Lowry II, Madagascar National Parks, M. E. McGroddy, A. McWilliam, P. B. Phillipson, M. J. Raherilalao, J.-J. Rakotoarivelo, F. Rakotondrainibe, C. F. Rakotondramanana, C. L. Rakotomalala, M. L. Rakotondrafara, B. Ramasindrazana, L. Y. A. Randriamarolaza, R. Randrianarimalala, A. P. Raselimanana, P. H. Rasoarimalala, F. H. Ratrimomanarivo, T. Rasolondrainy, H. Rasolonjatovo, H. V.

Tableau A. Liste des vertébrés terrestres connus d'Isalo. Pour chaque espèce, le système de codification suivant a été adopté : un astérisque (*) *avant* le nom de l'espèce désigne un endémique malgache ; les noms scientifiques en **gras** désignent les espèces strictement endémiques à l'aire protégée ; les noms scientifiques soulignés désignent des espèces uniques ou relativement uniques au site ; un plus (+) *avant* un nom d'espèce indique les taxons rentrant dans la catégorie Vulnérable ou plus de l'UICN ; un [1] *après* un nom d'espèce indique les taxons introduits ; et les noms scientifiques entre parenthèses nécessitent une documentation supplémentaire. Pour certaines espèces de grenouilles, les noms des sous-genres sont entre parenthèses. / **Table A.** List of the known terrestrial vertebrates of Isalo. For each species entry the following coding system was used: an asterisk (*) *before* the species name designates a Malagasy endemic; scientific names in **bold** are those that are strictly endemic to the protected area; underlined scientific names are unique or relatively unique to the site; a plus (+) *before* a species name indicate taxa with an IUCN statute of at least Vulnerable or higher; [1] *after* a species name indicates it is introduced to the island; and scientific names in parentheses require further documentation. For certain species of frogs, the subgenera names are presented in parentheses.

Amphibiens / amphibians, n = 24

*Heterixalus luteostriatus
*Boophis (Boophis) luteus
*Boophis (Boophis) obscurus
*Boophis (Boophis) occidentalis
*Boophis (Sahona) doulioti
*(Blommersia wittei)
*Laliostoma labrosum
*+**Gephyromantis (Phylacomantis) corvus**
***Gephyromantis (Phylacomantis) kintana**
*Mantella betsileo
*+**Mantella expectata**
*Mantidactylus (Brygoomantis) mahery
*+**Mantidactylus (Brygoomantis) noralottae**

***Mantidactylus (Brygoomantis) riparius**
*+(Mantidactylus (Brygoomantis) ulcerosus)
*+(Mantidactylus (Hylobatrachus) lugubris)
*+(Mantidactylus (Ochthomantis) femoralis)
Ptychadena mascareniensis
*Dyscophus insularis
*Scaphiophryne brevis
*(Scaphiophryne calcarata)
*+**Scaphiophryne gottlebei**
*Scaphiophryne menabensis
*Scaphiophryne obscura

Reptiles / reptiles, n = 47

Crocodylus niloticus
Pelomedusa subrufa
*Brookesia brygooi
*Furcifer major
*Furcifer oustaleti
*Furcifer verrucosus
*Chalarodon madagascariensis
*Oplurus cyclurus
*Oplurus grandidieri
*Oplurus quadrimaculatus
*(Blaesodactylus sakalava)
*(Geckolepis typica)
Hemidactylus mercatorius
*Lygodactylus pictus
*(Lygodactylus tolampyae)
*Lygodactylus verticillatus
*+(Paroedura androyensis)
*Paroedura guibeae

*Paroedura rennerae
*Paroedura picta
*+Phelsuma hielscheri
*Phelsuma mutabilis
*Phelsuma standingi
*Tracheloptychus madagascariensis
(*Zonosaurus karsteni)
*Zonosaurus laticaudatus
Zonosaurus madagascariensis
*Zonosaurus ornatus
*(Flexiseps ornaticeps)
*Grandidierina rubrocaudata
*Trachylepis elegans
*Trachylepis gravenhorstii
***Trachylepis nancycoutuae**
*Acrantophis dumerili
*Sanzinia volontany
*Dromicodryas bernieri

*Ithycyphus oursi
*Leioheterodon madagascariensis
*Leioheterodon geayi
*Leioheterodon modestus
*Liophidium vaillanti
*Lycodryas pseudogranuliceps

Oiseaux / birds, n = 94

*+Tachybaptus pelzelnii
Tachybaptus ruficollis
Phalacrocorax africanus
Ardea cinerea
Ardea purpurea
+Ardeola idae
Ardeola ralloides
Bubulcus ibis
Scopus umbretta
*Lophotibis cristata
Anas erythrorhyncha
*+Anas melleri
Dendrocygna viduata
Sarkidiornis melanotos
Accipiter francesiae
*Accipiter henstii
*Accipiter madagascariensis
*Buteo brachypterus
*+Circus macrosceles
Macheiramphus alcinus
Milvus aegyptius
*Polyboroides radiatus
Falco concolor
Falco eleonorae
Falco newtoni
Falco peregrinus
Coturnix coturnix
*Margaroperdix madagarensis
Numida meleagris
*Turnix nigricollis
Dryolimnas cuvieri
Gallinula chloropus
Porphyrio madagascariensis
*Sarothrura insularis
Charadrius tricollaris
Actitis hypoleucos
Tringa nebularia
*Pterocles personatus
Oena capensis
Nesoenas picturata
Treron australis
*Agapornis canus
Coracopsis nigra
Coracopsis vasa
Centropus toulou
*Coua cristata
*Coua gigas

*Madagascarophis meridionalis
*(Pseudoxyrhopus quinquelineatus)
*Thamnosophis lateralis
*Mimophis mahfalensis
*Madatyphlops arenarius

Razakarivony, F. S. Razanakiniana, A. B. Rylands, V. Soarimalala, J. Sparks, M.

*Cuculus rochii
Pachycoccyx audeberti
Tyto alba
Asio capensis
*Asio madagascariensis
*Athene superciliaris
*Otus rutilus
Caprimulgus madagascariensis
Apus balstoni
Tachymarptis melba
Cypsiurus parvus
*Zoonavena grandidieri
Corythornis vintsioides
*Corythornis madagascariensis
Merops superciliosus
Eurystomus glaucurus
Leptosomus discolor
*Upupa marginata
*Eremopterix hova
Phedina borbonica
*Motacilla flaviventris
Coracina cinerea
Hypsipetes madagascariensis
*Copsychus albospecularis
*Monticola sharpei
Saxicola torquatus
Terpsiphone mutata
Cisticola cherina
*Neomixis striatigula
*Neomixis tenella
*Acrocephalus newtoni
*Nesillas lantzii
Cinnyris notatus
Cinnyris sovimanga
Zosterops maderaspatanus
*Artamella viridis
*Calicalicus madagascariensis
*Falculea palliata
*Leptopterus chabert
*Newtonia brunneicauda
*Vanga curvirostris
Dicrurus forficatus
Corvus albus
Acridotheres tristis[1]
*Foudia madagascariensis
*Nelicurvius sakalava
*Lepidopyga nana

Tenrecidae - tenrecidés / tenrecs, n = 4 Vences & S. Wohlhauser.

*Echinops telfairi
*Geogale aurita

*Setifer setosus
*Tenrec ecaudatus

Soricidae - musaraignes / shrews, n = 1

Suncus etruscus[1]

Nesomyidae – rongeurs / rodents, n = 3

*Eliurus danieli
*Eliurus myoxinus

*Macrotarsomys bastardi

Muridae - rongeurs / rodents, n = 2

Mus musculus[1]

Rattus rattus[1]

Chauves-souris / bats, n = 15

*+Eidolon dupreanum
*+Pteropus rufus
*Rousettus madagascariensis
*Macronycteris commersoni
*Macronycteris cryptovalorona
*Triaenops menamena
*Chaerephon jobimena
*Mormopterus jugularis

*Otomops madagascariensis
Tadarida fulminans
*Myotis goudoti
*+Neoromicia malagasyensis
*Neoromicia matroka
*Miniopterus gleni
*Miniopterus mahafaliensis

Eupleridae - carnivore / carnivoran, n = 1

*+Cryptoprocta ferox

Viverridae - carnivore / carnivoran, n = 1

Viverricula indica[1]

Lémuriens / lemurs, n = 7

*Cheirogaleus medius
*Microcebus murinus
*+Mirza coquereli
*Lepilemur cf. *hubbardorum*

Eulemur rufifrons
*+Lemur catta
*+Propithecus verreauxi

ZOMBITSE-VOHIBASIA

Noms : Parc National de Zombitse-Vohibasia, nom abrégé : Zombitse-Vohibasia (voir https://www.parcs-madagascar.com/parcs/zombitse.php pour plus de détails). La Figure 29 présente une carte du site.

Catégorie UICN : II, Parc National.

Généralités : Ce site est également géré par Madagascar National Parks (MNP) et l'habitat principal est la forêt dense humide semi-décidue. Etant donné la nature transitionnelle de cette région, entre les forêts mésiques de l'Est et celles sèches de l'Ouest, on y trouve un nombre considérable de plantes et d'animaux endémiques. C'est une **destination écotouristique idéale pour y découvrir les joyaux particuliers qu'il héberge et un site prioritaire de conservation des forêts à Madagascar**. De plus, son accès aisé depuis la Route Nationale 7 (RN7), reliant Antananarivo (Tananarive) à Toliara (Tuléar), rend la visite facile d'un point de vue logistique. Une preuve de la nature transitionnelle si particulière à ce parc, en termes de végétation et d'humidité ambiante, est la présence d'orchidées épiphytes sur les troncs d'arbres typiques de zones sèches (voir ci-après).

D'une superficie de 36 308 ha, ce Parc National est divisé en trois parcelles séparées, dénommées selon leurs massifs forestiers : Zombitse (parcelle 3, environ 16 845 ha) partiellement bordée par la RN7, Vohibasia (parcelle 1, environ 16 170 ha) et Isoky-Vohimena (parcelle 2, environ 3293 ha). L'accès à Vohibasia et Isoky-Vohimena et au cœur de

ZOMBITSE-VOHIBASIA

Names: Parc National de Zombitse-Vohibasia, short name – Zombitse-Vohibasia (see https://www.parcs-madagascar.com/parcs/zombitse.php for further details). See Figure 29 for a map of the site.

IUCN category: II, National Park.

General aspects: This site is also managed by Madagascar National Parks (MNP) and the principal native habitat is moist semi-deciduous forest. Given the transitional nature of this habitat between more mesic forests to the east and the drier forests to the west, as well as having a considerable number of endemic and microendemic species, **it is an excellent site for ecotourists to discover the local wonders and a critical site for forest conservation on the island**. Further, its easy access along the main road via the Route Nationale (RN) 7, linking Antananarivo (Tananarive) and Toliara (Tulear), makes a visit to the site logistically simple. Evidence of the distinct transitional nature of the park with respect to its vegetation and the presence of atmospheric humidity, is ephiphytic orchids growing on typically dry forest trees (see below).

This national park of 36,308 ha is divided into three separate parcels and each known by the individual forest name – Zombitse (parcel 3, about 16,845 ha) with a portion adjacent to the RN7, Vohibasia (parcel 1, about 16,170 ha), and Isoky-Vohimena (parcel 2, about 3,293 ha); access to Vohibasia and Isoky-Vohimena, as well as the interior of Zombitse, needs at least during the rainy season

Zombitse nécessite un véhicule tout-terrain, tout au moins durant la saison des pluies. L'aire protégée présente un paysage relativement plat et il n'y a aucun cours d'eau permanent dans les zones forestières. Zombitse-Vohibasia possède divers circuits écotouristiques, dont les principaux se trouvent dans la parcelle de Zombitse et ne présentent aucune difficulté majeure.

La faune vertébrée forestière typique du parc compte 36 espèces d'amphibiens et reptiles, 103 espèces d'oiseaux et un large éventail de mammifères (Tableau B), dont huit espèces de lémuriens, y compris le Lépilémur de Zombitse (*Lepilemur hubbardorum*) endémique du parc (Figure 30). La visite de cette aire protégée sera un régal pour les amoureux de la nature. La période **idéale pour visiter ce site est au début de la saison des pluies, entre novembre et janvier**, lorsque l'activité des animaux augmente significativement pour la reproduction et que de nombreuses plantes sont en fleurs ou en fruits.

Zombitse-Vohibasia est dominé par le climat subaride du Sud-ouest de Madagascar avec des températures quotidiennes moyennes entre 16,6 °C et 26,8 °C. La saison chaude, de décembre à février, affiche des températures moyennes atteignant 31,9 °C, alors que durant la saison froide, de juin à août, celles-ci sont nettement plus basses. La pluviométrie annuelle est en moyenne de 740 mm, dont 92 % tombent entre novembre et avril. La géologie du site est constituée de grès et de schistes. Les sols y

the use of four-wheel drive vehicles. The protected area has relatively flat landscapes and no permanent rivers or streams passing through the forested zones. Zombitse-Vohibasia has a limited number of tourist trails and the principal ones are in the Zombitse block and all not posing any level of difficulty for tourists (Figure 29).

With its distinct diverse forest-dwelling vertebrate fauna, which includes 36 species of amphibians and reptiles, 103 species of birds, and a broad assortment of mammals (Table B), including eight species of lemurs, one of which, the Zombitse Sportive Lemur (*Lepilemur hubbardorum*), is endemic to the site (Figure 30), and a visit to the protected area is certain to be interesting for nature lovers. The **ideal period for a visit is at the commencement of the rainy season between November and January**, when animal activity increases notably associated with the breeding season and also the period many plants are in flower or fruit.

This protected area is dominated by the sub-arid climate of the southwest of Madagascar with average daily temperatures varying between 16.6°C and 26.8°C (61.9°F and 80.2°F). The warm season occurs between December and February, with peak average temperatures over 31.9°C (89.4°F), and the cold season is between June and August, with average temperatures being distinctly lower. Mean annual rainfall is around 740 mm (29.1 inches), 92% falls between November and April. The underlying geology of the site is sandstone and shale. The soil types

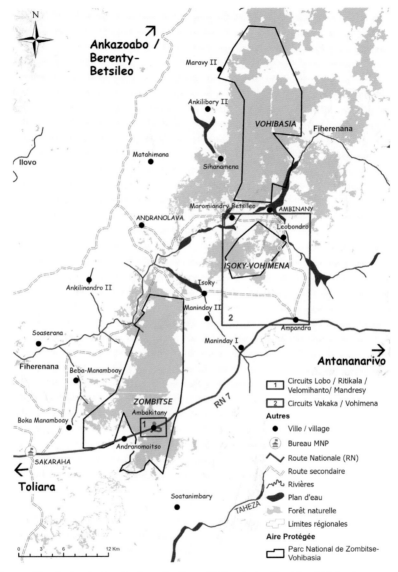

Figure 29. Carte de localisation du Parc National de Zombitse-Vohibasia avec les différents points d'accès et la majorité des localités mentionnées dans le texte. La carte sur la page suivante donne un aperçu général des trois parcelles (Zombitse, Vohibasia et Isoky-Vohimena) qui constituent l'aire protégée. La carte à droite en haut présente une vue détaillée des quatre circuits de la zone d'Ambakitany au sud de la parcelle Zombitse (encadré 1 de la carte de l'aire protégée). La carte à droite en bas présente une vue détaillée des deux circuits de la parcelle Isoky-Vohimena (encadré 2 de la carte de l'aire protégée).

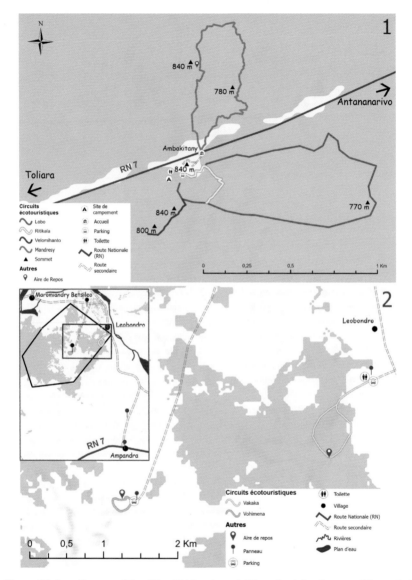

Figure 29. Locality map of Zombitse-Vohibasia and different points of access. The majority of the localities mentioned in the text are shown. The map presented on the previous page is the broad overview of the three separate parcels (Zombitse, Vohibasia, and Isoky-Vohimena) making up the protected area. The trail system in the southern portion of the Zombitse parcel, near Ambakitany and delineated with a square, are shown to the right in the upper map and those of Isoky-Vohimena in the lower portion with the smaller left map the parcel in general and the delineated square the section shown in greater detail to the right.

Figure 30. Bien qu'il soit nocturne, le Lépilémur de Zombitse (*Lepilemur hubbardorum*) est une espèce relativement facile à observer pendant la journée à Zombitse-Vohibasia, fidèle à ses dortoirs de jour dans les trous d'arbres. Cette espèce n'est connue que de la zone protégée Zombitse-Vohibasia et de ses environs immédiats. Il est considéré par l'UICN comme En danger d'extinction. (Photo par Ken Behrens.) / **Figure 30.** Despite being nocturnal, one relatively easy species of lemur to observe during the day in Zombitse-Vohibasia hanging out of its tree-hole day resting places is the Zombitse Sportive Lemur (*Lepilemur hubbardorum*). This species is only known from the Zombitse-Vohibasia protected area and its immediate surroundings. It is considered by the IUCN as Endangered. (Photo by Ken Behrens.)

sont variés, mais la plupart sont très altérés, acides et relativement riches en fer et en aluminium.

Aspects légaux : Création basée sur le Décret 97-1454 du 18 décembre 1997.

Accès : Si l'aire protégée est constituée de trois blocs distincts (Zombitse, Vohibasia, et Isoky-Vohimena), l'accès habituel des touristes est la forêt de Zombitse (parcelle 3) situé sur la RN7 à Ambakitany, 17 km à l'Est de Sakaraha ou 147 km à l'Est de Toliara (Figure 31). Il est conseillé de se renseigner auprès du bureau de Madagascar National Parks à Sakaraha concernant les accès, les guides et autres détails. Pour profiter d'une visite matinale, lorsque les animaux diurnes sont les plus actifs, il est suggéré aux visiteurs de passer la nuit dans un hôtel à Sakaraha ou aux environs, afin d'entrer dans le parc

are rather diverse, most of which are highly weathered, acidic, and with relatively high amounts of iron and aluminum.

Legal aspects: Creation – based on Decree No. 97-1454 of 18 December 1997.

Access: The entry point generally used by tourists to the Zombitse Forest (Parcel 3) is along the RN7 at Ambakitany, about 17 km (10.6 miles) east of Sakaraha or about 147 km (91 miles) east of Toliara (Figure 31). The protected area is composed of three different blocks (Zombitse, Vohibasia, and Isoky-Vohimena). It is suggested to check with the Madagascar National Parks office in Sakaraha on different access points, guides, and other details. For visitors wishing to enter the Ambakitany park entrance when it opens at 7:30 a.m. for morning visits, the period diurnal animals are notably

Figure 31. Bien que le Parc National de Zombitse-Vohibasia ne soit pas très connu des écotouristes, il mérite absolument le détour, car il abrite un écosystème forestier de transition insolite et de nombreuses plantes et animaux uniques que l'on ne trouve nulle part ailleurs. Plusieurs sentiers au départ d'Ambakitany au bord de la RN7 permettent d'en découvrir de nombreuses richesses, et l'accès est aisé même pour une halte en transit. L'oiseau illustré en haut à gauche est le Tetraka d'Appert (*Xanthomixis apperti*, Bernieridae), une espèce endémique phare qui est facile à observer à Zombitse. (Photo par Madagascar National Parks.) / **Figure 31.** While the Zombitse-Vohibasia National Park is not that well known to ecotourists, it holds a special transitional forest ecosystem and numerous unique plants and animals not found elsewhere. The site is very much worth a visit. Several trails depart from Ambakitany directly on the RN7, and provide access for a quick or extended visit to see different aspects of the park's biodiversity. The bird illustrated in the upper left corner of the sign is the local endemic Appert's Tetraka (*Xanthomixis apperti*, Bernieridae) and the park is an easy place to see it. (Photo by Madagascar National Parks.)

à Ambakitany à l'heure d'ouverture officielle à 7 h 30.

Infrastructures locales : Les infrastructures de gestion du Parc National Zombitse-Vohibasia incluent le bureau administratif principal à Sakaraha et trois postes de garde (Ampio, Soatanimbary et Vohimena). Les aménagements touristiques du Parc National sont localisés à Ambakitany, où on trouve le bureau d'accueil, un parking et un site de campement sommaire, avec des toilettes et une aire de repas, mais qui ne dispose, ni d'électricité, ni d'eau, donc les visiteurs sont obligés d'apporter leurs réserves d'eau

active, it is suggested to spend the night in hotels in and around Sakaraha or camp at the site.

Local infrastructure: Management infrastructure of the Zombitse-Vohibasia National Park includes the main administrative office in Sakaraha and three guard posts (Ampio, Soatanimbary, and Vohimena). Tourist facilities within the protected area include a reception office at Ambakitany. There is a camping site at Ambakitany with minimum facilities, including toilets, a dining area, and a car park. The site does not have a local water source and people using the camping site are obliged to bring

potable ou de services. De plus, des hôtels pour tous budgets se trouvent à Sakaraha et dans ses environs.

Quatre circuits touristiques sont situés à proximité d'Ambakitany, dont un circuit court qui offre aux visiteurs de passage la chance de découvrir certaines plantes et animaux intéressants et uniques au parc au cours d'une brève halte avant de reprendre leur route sur la RN7.

Circuit Velomihanto, 750 m, faisable en moins d'une heure : Cette courte marche à plat traverse une zone boisée où les visiteurs pourront observer différentes orchidées épiphytes et divers reptiles, oiseaux et lémuriens, dont le Lépilémur de Zombitse (*Lepilemur hubbardorum*, Lepilemuridae) (Figure 30).

Circuit Ritikala, 850 m, faisable en moins d'une heure : Cette courte marche travers une zone boisée où les visiteurs pourront observer différents reptiles, lémuriens et oiseaux, dont le Tetraka d'Appert (*Xanthomixis apperti*, Bernieridae) (Figure 39) ; ce circuit est principalement à plat et ne présente aucune difficulté d'accès.

Circuit Mandresy, boucle de 2,3 km, 2 h en moyenne : Ce circuit parcoure différentes formations végétales du parc et permet d'observer de nombreuses plantes endémiques et des baobabs, ainsi que des reptiles, oiseaux et lémuriens ; ce circuit est principalement à plat et ne présente aucune difficulté d'accès.

Circuit Lobo, boucle de 2,7 km, 2 h en moyenne : Ce circuit est particulièrement idéal pour découvrir la végétation unique et la flore endémique

both bathing and drinking water. Also, there is no electricity at the site. Alternatively, hotels of different standards can be found in and on the outskirts of Sakaraha.

Four tourist circuits are located in close proximity to Ambakitany, including short ones that provide the means for tourists to observe some of the interesting and unique fauna and flora of the park during a brief stopover and then continue on their way along the RN7.

Circuit Velomihanto, 750 m [0.5 miles] long and can be visited in less than one hour. The flat and easy walking trail passes through an area of forest with epiphytic orchids, and a range of different reptiles, birds, and lemurs can be observed, such as the Zombitse Sportive Lemur (*Lepilemur hubbardorum*, Lepilemuridae) (Figure 30).

Circuit Ritikala, 850 m [0.5 miles] long that on average takes less than 1 hour to visit. It passes through a zone of the forest where one can observe different reptiles, lemurs, and birds, including the endemic Appert's Tetraka (*Xanthomixis apperti*, Bernieridae) (Figure 39). The trail is largely flat and without any access problems.

Circuit Mandresy at 2.3 km [1.2 miles] long, forms a looping circuit that on average takes about 2 hours, and where visitors can observe the vegetation of the park, including numerous endemic plants and baobabs, as well as reptiles, birds, and lemurs. The circuit is relatively flat and easy walking.

du parc, ainsi qu'une variété de reptiles, oiseaux et lémuriens ; ce circuit comprend quelques montées, mais ne présente aucune difficulté d'accès.

Deux autres circuits touristiques permettent de découvrir Isoky-Vohimena (parcelle 2) au départ d'Ambakitany après un trajet en voiture, dont une partie sur une piste secondaire, jusqu'au parking d'Ambakaka (40 minutes) ou un peu plus loin jusqu'au parking de Vohimena (1 heure).

Circuit Ambakaka ou Vakaka, boucle de 2,8 km depuis le parking d'Ambakaka, 1 heure : Ce circuit traverse une forêt-galerie composée de *Ravenea rivularis* (un palmier endémique du Sud-ouest de Madagascar) et de deux espèces de palmiers-vaquois (*Pandanus arenicola* et *Pandanus aridus*, Pandanaceae) ; on peut également y observer du poivre sauvage et différentes espèces d'oiseaux et lémuriens.

Circuit Vohimena, boucle de 2,7 km depuis le parking de Vohimena, qui se trouve à 1 heure de voiture sur une route secondaire à partir du bureau d'accueil d'Ambakitany jusqu'à la sortie à Ambakaka : Ce circuit prend environ 1 heure ; il se caractérise par des splendides formations géologiques et une variété de plantes, d'oiseaux et de lémuriens.

Les détails logistiques liés à la visite (accès, circuits et guidage) et à l'hébergement au camp d'Ambakitany (campement et provisions) doivent être discutés avec les guides locaux et le personnel de Madagascar National

Circuit Lobo, 2.7 km [1.3 miles] long, forms a looping circuit that on average takes about 2 hours, and an excellent zone to see the unique and highly endemic flora of the park, as well as a range of reptiles, birds, and lemurs. The trail shows little topographic variation and is easy walking.

To visit Isoky-Vohimena (parcel 2), there are **two other tourist circuits** departing from Ambakitany by car, in part on a secondary road, to Ambakaka (40 minutes) or Vohimena (1 hour) parking areas.

Circuit Ambakaka or Vakaka, 2.8 km [1.7 miles] loop from the Ambakaka parking area, which is 40 minutes and in part on a secondary road from the Ambakitany reception office. This circuit takes on average an hour. The trail crosses gallery forest with *Ravenea rivularis* (an endemic palm to the southwestern area of Madagascar), as well as two screw palms, *Pandanus arenicola* and *Pandanus aridus*, wild pepper, and different lemurs and bird species.

Circuit Vohimena, 2.7 km [1.7 miles] loop from the Vohimena car park, which is an hour by car on a secondary road from the Ambakitany reception office and with a turnoff at Ambakaka. This trail takes about an hour to complete. It is characterized by splendid geological formations and a range of plant, bird, and lemur species.

Different logistic aspects (access, circuits, and guiding) and spending the night (camping and supplies) at the Ambakitany camp grounds should be discussed with local guides and Madagascar National Parks staff at the

Parks à l'entrée du site. Etant donné le climat chaud et sec et l'absence de source d'eau douce sur le site, il est fortement conseillé aux visiteurs d'**emporter une quantité suffisante d'eau potable** pour les visites d'un jour ou plus.

Aspects culturels : Pour le groupe ethnique des Baras, qui sont d'origine Bantou et renommés bouviers et éleveurs de zébus, la région couverte par le parc est sacrée. Au sein des Baras, du moins ceux qui suivent la tradition, la richesse d'une famille se mesure au nombre de têtes de zébus de leur cheptel. Dès leur plus jeune âge, les garçons sont forgés à l'élevage et au gardiennage des zébus ; pour prouver leur force et bravoure, les adolescents sont astreints à un rite de passage, spécifique aux Baras, qui les oblige à voler des zébus. Jusqu'à récemment et encore sporadiquement aujourd'hui, le parc était une zone de pâture privilégiée ; les zones boisées étaient utilisées, d'une part par les éleveurs pour cacher leurs troupeaux aux voleurs de zébus, et réciproquement par les voleurs pour se dissimuler des propriétaires légitimes à leur poursuite. Cet aspect dramatique des coutumes traditionnelles fait partie du quotidien des Baras qui vivent en campagne.

Les zébus gouvernent de nombreux aspects de la vie des Baras, mais aussi après leur mort. A la mort d'un propriétaire de grands troupeaux (connu en Malagasy sous le nom de *mpagnarivo*), un nombre considérable de bêtes est sacrifié, d'une part pour satisfaire les ancêtres et d'autre part pour nourrir les innombrables

site entrance. Given the dry and warm climate of the site and lack of local freshwater sources, **always carry enough potable water** for day visits and longer stays.

Cultural aspects: For the local Bara ethnic group, who are of Bantu origin and well-known as cattle (zebu) breeders and herders, the areas making up the park are considered sacred zones. Among the Bara, at least following more classical cultural aspects, the wealth of a family is measured in part by the number of zebu they possess. Starting at a young age, boys are introduced to zebu herding and husbandry. A distinctly Bara cultural aspect is the rite of passage for teenage males to adulthood by stealing zebu to prove that they have strength and courage. At least in recent years and on occasion today, the forested zone that makes up the Zombitse-Vohibasia protected area was used for cattle grazing. Further, such areas serve the dual purpose of hiding cattle from cattle rustlers or concealing stolen zebu from the rightful owners actively pursuing zebu thieves. This is a regular drama that makes up an aspect of the cultural tradition of the local Bara, particularly those living in the country side.

In many ways, zebu govern different aspects of Bara daily practices, as well as the after death. When the owner of a large herd (known locally in Malagasy as *mpagnarivo*) passes away, a considerable number of his animals are killed; in part to satisfy the ancestral cult and also to feed the large number of people attending the funerary ritual. While driving across

participants à la cérémonie funéraire. En circulant sur la RN7, on peut voir des tombeaux affublés de cornes ou de parties des crânes de zébus sacrifiés durant les funérailles du défunt. De plus, les Baras pratiquent le rite du retournement des morts ou *famadihana* en Malagasy ; après le décès d'une personne, la dépouille mortelle est placée dans un tombeau temporaire pendant une certaine période, puis déplacée vers le tombeau définitif situé dans une grotte ou une anfractuosité rocheuse difficile d'accès (Figure 32). Le système pour placer les restes du corps dans la tombe définitive se fait à l'aide de cordages et souvent dans

the landscape and along the RN7, one can see tombs that often have partial skulls of sacrificed zebu associated the passing of the tomb occupant. Further, as described in the previous text on Isalo, the Bara ritual of "turning of the dead" or *famadihana* in Malagasy after the death of a person follows their mortal remains being placed in a temporary tomb for a certain period to then being displaced to a definitive tomb in a cave or rock crevice with very difficult access (Figure 32). The system for placing the remains in the definitive tomb involves the use of ropes, often under perilous conditions. Following Bara tradition, coffins need to be constructed from trees in the

Figure 32. Une coutume importante pour les Baras qui habitent autour du Parc National de Zombitse-Vohibasia comprend divers rites funéraires qui s'achèvent après que la dépouille est placée dans sa tombe définitive, souvent dans une cavité à flanc de falaise. En haut à gauche de la falaise, on peut voir un tombeau attribué au roi Andriamandresy. (Photo par Madagascar National Parks.) / **Figure 32.** An important cultural aspect for the Bara living in the countryside around the Zombitse-Vohibasia National Park is a series of funerary rituals that is completed after the mortal remains of an individual are placed in the permanent tomb, often in a recess on a cliff face. This is a process that has been followed for hundreds of years. In the upper left corner of the illustrated rock formation, which is found in the Vohimena parcel, is a tomb that has been attributed to King Andriamandresy. (Photo by Madagascar National Parks.)

des conditions périlleuses. Selon la tradition Bara, les cercueils sont obligatoirement faits avec le bois d'un arbre du genre *Cordyla* (Fabaceae, *karabo* en Malagasy) présent dans l'aire protégée.

Flore & végétation : La végétation de Zombitse-Vohibasia a été étudiée au cours des inventaires rapides du parc. L'aire protégée est constituée de trois blocs séparés qui sont du nord au sud : Vohibasia, Isoky-Vohimena et Zombitse (Figure 29). La forêt occupe approximativement les trois quarts de la surface de ces trois blocs. La végétation originelle est de type forêt dense humide semi-décidue présentant son caractère transitionnel, avec des espèces typiques des forêts humides de l'Est au sein d'une flore dominée par des espèces de forêts denses sèches. Le climat, contrasté et sec, est tempéré par une humidité atmosphérique résiduelle en saison sèche, comme en témoigne la rosée quotidienne ; cette moiteur matinale explique la surprenante diversité d'orchidées épiphytes dans une telle forêt décidue, dont certaines sont particulièrement voyantes et d'autres plutôt discrètes (Figure 33). De plus, une nappe phréatique haute semble maintenir un substrat relativement humide, malgré l'absence de cours d'eau permanent important dans l'aire protégée.

Dans les zones forestières relativement intactes de Zombitse, la hauteur de la canopée est estimée entre 12 et 16 m et dominée par différentes essences forestières et quelques arbres émergents, dont des baobabs (*Adansonia za*, Malvaceae)

genus *Cordyla* (Fabaceae, *karabo* in Malagasy), which can be found in the protected area.

Vegetation and flora: The vegetation of Zombitse-Vohibasia has been studied during rapid inventories of the park. From north to south, the protected area is composed of three separate parcels: Vohibasia, Isoky-Vohimena, and Zombitse (Figure 29). Forest covers approximately three quarters of the surface area of these three blocks. The original forest type is largely moist semi-deciduous, and in a transitional manner composed of some species typical of eastern humid evergreen forests occur within a flora dominated by dry deciduous forest species. The local seasonal and arid climate is tempered by significant atmospheric humidity during the dry season, particularly early morning dew. This morning humidity nurtures a remarkable diversity of epiphytic orchids for a deciduous forest, some of which are notably showy and others rather subtle (Figure 33). Further, it has been proposed that a relatively high water table may maintain soil moisture, even though there are no permanent streams or rivers in the protected area.

In largely undisturbed forest areas of Zombitse, the height of the canopy is on average between 12 and 16 m (39 to 53 feet); it is dominated by several tree species, and a number of emergent trees, including baobabs (*Adansonia za*, Malvaceae) (Figure 34). The undergrowth contains grasses and other herbaceous plants. Large tree stumps in an advance stage of decay testify to past exploitation during the

Figure 33. Grâce à une humidité ambiante propice, dont la généreuse rosée matinale, l'aire protégée de Zombitse-Vohibasia abrite une diversité importante d'orchidées épiphytes, dont, par exemple : **A**) l'exubérante et raffinée *Aerangis decaryana* (photo par Johan Hermans) et **B**) la plus subtile et discrète *Polystachya aurantiaca* (photo par Moritz Grubenmann). / **Figure 33.** Associated with relatively high levels of humidity in the air, particularly in the early morning, the Zombitse-Vohibasia protected area has an important diversity of epiphytic orchids. These include, for example, **A**) the very elaborate and showy *Aerangis decaryana* (photo by Johan Hermans) and **B**) smaller and more subtle *Polystachya aurantiaca* (photo by Moritz Grubenmann).

(Figure 34) ; le sous-bois est dominé par des herbes et d'autres herbacées. Plusieurs souches importantes en cours de dégradation témoignent d'une exploitation forestière au cours des années 1980, qui a vraisemblablement altéré la structure forestière.

A Vohibasia, la hauteur de la canopée est estimée à une vingtaine de mètres, avec des émergents atteignant 25 à 30 m. Sur les berges de cours d'eau temporaires, on trouve une forêt ripicole d'hauteur comparable caractérisée

1980s, which almost certainly altered the forest structure.

In Vohibasia, canopy height is about 20 m, with emergent trees reaching 25 to 30 m (80 to 100 feet). Along the banks of seasonal streams is riparian forest similar in height but characterized by the presence of a palm (*Ravenea rivularis*, Arecaceae) and a screw palm (*Pandanus aridus*, Pandanaceae) and with an open herbaceous layer; some large, localized reed beds (*Phragmites australis*, Poaceae) occur in portions of

Figure 34. Dans la forêt humide semi-caducifoliée du Parc National de Zombitse-Vohibasia, un arbre émergent dominant de la canopée est le baobab (*Adansonia za*, Malvaceae). (Photo par Louise Jasper.) / **Figure 34.** In the moist semi-deciduous forest of the Zombitse-Vohibasia National Park, a dominant emergent canopy tree is the baobab (*Adansonia za*, Malvaceae). (Photo by Louise Jasper.)

Figure 35. La végétation forestière de l'aire protégée de Zombitse-Vohibasia est une forêt humide semi-caducifoliée où les espèces typiques de la forêt humide coexistent au sein d'une flore dominée par des espèces typiques d'une forêt sèche. Comme le montre cette image, les zones forestières sont séparées par des prairies, qui sont régulièrement soumises à des incendies, ce qui entraîne la fragmentation de la forêt et dégrade lentement les habitats naturels restants. Le ravin dans la prairie, connu en Malagasy sous le nom de *lavaka*, est dû à l'érosion et témoigne de l'impact des activités humaines dans la zone. (Photo par Louise Jasper.) / **Figure 35.** The forest vegetation of the Zombitse-Vohibasia protected area is a moist semi-deciduous formation, where mesic forest species coexist with a flora dominated by dry forest species. As shown in this image, the forested areas are separated by grassland, which are regularly subjected to fires, which results in the fragmentation of the forest and slowly degrades remaining natural habitats. The gully in the grassland area is associated with erosion and known in Malagasy as a *lavaka*, and provides further evidence of human modification of the zone. (Photo by Louise Jasper.)

par le palmier *Ravenea rivularis* (Arecaceae), un palmier-vaquois (*Pandanus aridus*, Pandanaceae) et une strate herbacée très ouverte, avec par endroits d'importantes roselières de *Phragmites australis* (Poaceae). Les mares temporaires présentent une végétation marécageuse. Dans la partie centrale du bloc d'Isoky-Vohimena, un relief tabulaire effondré

this habitat. The temporary pools often have marsh vegetation. In the central part of the Isoky-Vohimena block, broken sandstone tablelands support rupicolous vegetation, including bottle trees (*Pachypodium*, Apocynaceae) and aloes (*Aloe*, Asphodelaceae).

Significant parts of the three parcels are covered with a mosaic of grasslands and moist semi-deciduous

Figure 36. Juste avant la promulgation du Parc National de Zombitse-Vohibasia en 1997, une vaste zone de forêt semi-décidue a été principalement défrichée pour la production de maïs, près d'Andranomaintso, juste à côté de la route nationale. Les baobabs n'ont pas été coupés et leur présence jusqu'à aujourd'hui témoigne que la zone était autrefois boisée. Au fil des années, différentes plantes, notamment des figues de Barbarie (*Opuntia*, Cactaceae), introduites et envahissantes, ont colonisé la zone. (Photo par Louise Jasper.) / **Figure 36.** Just before the Zombitse-Vohibasia National Park was named in 1997, a large area of moist semi-deciduous forest was cleared near Andranomaintso, mostly for corn production, and just off the main Route Nationale. The baobabs were not removed and their presence today is an attestation that the zone was formerly forest. Over the course of the years, different plants, including introduced and invasive prickly pear cactus (*Opuntia*, Cactaceae) have colonized the area. (Photo by Louise Jasper.)

est le siège d'une végétation rupicole avec *Pachypodium* (Apocynaceae) et des aloès (*Aloe*, Asphodelaceae).

Une partie importante des trois blocs est couverte par une mosaïque de fragments forestiers semi-décidus et de prairies et pâturages secondaires, parcourus régulièrement par des feux qui pénètrent parfois en forêt (Figure 35). Il n'est pas clair si certaines formations herbeuses seraient naturelles et cette hypothèse

forest (Figure 35). The question if these grassland formations are at least in part a natural formation is currently a subject of research by botanists. The grasslands are regularly subject to fire, at times penetrating into the forest. Before becoming a protected area in 1997, an important portion of the forest in southwestern part of the Zombitse block, near Andranomaintso, was cleared for swidden maize cultivation (*hatsake* in the local

controversée reste un sujet de recherche pour les botanistes. Avant d'être promulgué Parc National en 1997, le bloc de Zombitse a été défriché pour la culture de maïs sur abattis-brûlis (*hatsake* en Malagasy) dans sa partie sud-ouest vers Andranomaintso, et présente une mosaïque culturale avec des fourrés secondaires où subsistent des baobabs, derniers témoins de la forêt détruite (Figure 36).

Deux espèces de plantes ne sont connues qu'à Zombitse-Vohibasia : *Ampelosycios bosseri* (Cucurbitaceae) et *Ivodea trichocarpa* (Rutaceae). Sur le plan de la répartition des plantes, l'aire protégée se trouve à la confluence des Domaines du Centre, du Sud et de l'Ouest, ce qui lui confère un caractère transitionnel d'exception avec des habitats forestiers variés. Du côté floristique, sur la base d'une compilation réalisée en 2018, la flore de l'aire protégée compte 270 espèces de plantes, dont 264 (98 %) sont indigènes et 214 (81 %) endémiques à Madagascar ; toutefois, la flore de Zombitse-Vohibasia est assurément plus riche et des prospections botaniques complémentaires sont nécessaires. Au total, 23 espèces végétales ne sont connues qu'à Zombitse-Vohibasia et quatre autres sites (au plus) à Madagascar. Une seule famille de plantes endémiques à Madagascar a été documentée dans le parc jusque-là : les Physenaceae représentée par *Physena sessiliflora*, une espèce répandue dans d'autres aires protégées.

dialect of Malagasy), and this area today shows a mixture of agricultural areas, secondary thickets, and some remnants of massive baobabs, a testament to the former forest cover (Figure 36).

Two species of plant are known only from Zombitse-Vohibasia: *Ampelosycios bosseri* (Cucurbitaceae) and *Ivodea trichocarpa* (Rutaceae). In terms of plant distribution, the protected area occurs in a phytogeographic zone where the Central, Southern, and Western plant domains meet, giving it an exceptional transitional aspect with elements of different forest types. From the floristic side, the protected area is not well studied and based on a tabulation from 2018, 270 species of plants are known, 264 (98%) of which are native, and of these 214 species (81%) are endemic to Madagascar; however, the flora of Zombitse-Vohibasia is certainly richer than these figures reflect and further prospection by field botanists is very much needed. In total, 23 plant species are known from Zombitse-Vohibasia and no more than four other localities on Madagascar. Only one of Madagascar's endemic plant families is currently documented to be present in the park: Physenaceae and represented by *Physena sessiliflora*, a species recorded in numerous other protected areas.

Fauna: This protected area with a mixture of moist semi-deciduous, dry deciduous, and riparian forest, overlaid on some elevational variation, particularly in the Vohibasia block, has been the subject of some biological inventories. However,

Faune : L'aire protégée comprend un mélange de forêt dense sèche, de forêt humide semi-décidue et de forêt ripicole, associé à un léger gradient altitudinal, en particulier dans le bloc de Vohibasia. Le site a fait l'objet d'inventaires biologiques, mais certains groupes de vertébrés terrestres ne sont pas bien documentés (Tableau B) ; aucun des trois blocs forestiers (Zombitse, Vohibasia et Isoky-Vohimena) n'a fait l'objet d'inventaire poussé. Ainsi, avec des travaux ultérieurs, il est certain que des répartitions inédites et des espèces nouvelles pour la science attendent leur découverte ; ces informations contribueront à souligner encore l'importance du parc en matière de conservation.

Par exemple, l'inventaire biologique de Vohibasia en 1996 a permis la capture d'un petit tenrec-musaraigne qui s'est révélé être une nouvelle espèce pour la science et nommé tenrec-musaraigne de Nasolo (*Microgale nasoloi*, Tenrecidae). Cette espèce a ensuite été trouvée dans d'autres sites de forêts denses sèches, puis classée comme Vulnérable selon l'UICN (Figure 37). Zombitse-Vohibasia ne possède qu'une seule espèce micro-endémique : le Lépilémur de Zombitse, considéré En danger d'extinction, et qui peut être souvent observé dans les cavités des arbres, son dortoir de jour, le long des sentiers touristiques aux environs d'Ambakitany (Figure 30).

Aucune espèce de reptiles endémique à Zombitse-Vohibasia n'est connue jusque-là, mais diverses

certain terrestrial vertebrate groups are not well-documented (Table B). As mentioned above, the site is divided into three separate forest blocks (Zombitse, Vohibasia, and Isoky-Vohimena), and not one of these areas has been extensively inventoried, and with further work, it is almost certain that range extensions and species new to science await discovery and this information will help underline the park's conservation importance.

For example, during a 1996 biological inventory of the Vohibasia parcel a small shrew tenrec was captured that turned out to be new to science and named Nasolo's

Figure 37. Le tenrec de Nasolo (*Microgale nasoloi*, Tenrecidae) a été décrit en 1999 sur la base d'un spécimen collecté dans la forêt de Vohibasia. Il a ensuite été trouvé sur le massif voisin d'Analavelona et plus au nord dans la forêt de Kirindy (CNFEREF) ; il est considéré comme Vulnérable par l'UICN. (Photo par Voahangy Soarimalala) / **Figure 37.** Nasolo's Shrew Tenrec (*Microgale nasoloi*, Tenrecidae) was described in 1999 on the basis of a specimen collected in the Vohibasia Forest. It was subsequently found on the nearby Analavelona Massif and further north in the Kirindy (CNFEREF) Forest. It is considered Vulnerable by the IUCN. (Photo by Voahangy Soarimalala.)

Figure 38. Même s'ils n'ont pas été soigneusement inventoriés, Zombitse-Vohibasia est connu pour avoir 30 espèces de reptiles dont le magnifique gecko diurne *Phelsuma standingi* (Gekkonidae). Cette espèce a fait l'objet d'une collecte considérable pour le commerce international d'animaux exotiques et cette forêt demeure l'une de ses derniers refuges. (Photo par Louise Jasper.) / **Figure 38.** Even in light of not being thoroughly inventoried, Zombitse-Vohibasia is known to have 29 species of reptiles, including the beautiful *Phelsuma standingi* (Gekkonidae). This species has been subject to considerable collecting for the international pet trade and this forest remains one of its remaining strongholds. (Photo by Louise Jasper.)

Figure 39. L'oiseau le plus convoité par les ornithologues amateurs dans la forêt de Zombitse-Vohibasia est le Tetraka d'Appert (*Xanthomixis apperti*, Bernieridae), dont la famille est endémique de Madagascar. Il est particulièrement commun dans le parc, où le spécimen type original utilisé dans la description a été capturé en 1962 et l'espèce nommée en 1972. La découverte d'une nouvelle espèce d'oiseau pour la science, est un événement rare à Madagascar, en comparaison d'autres groupes de vertébrés terrestres ; ceci souligne encore le caractère unique des forêts et du parc. Ensuite, cette espèce, représentée ici sur son nid, a été retrouvée dans d'autres sites forestiers de la région. (Photo par Louise Jasper.) / **Figure 39.** The most sought after species by bird watchers in the Zombitse-Vohibasia Forest is Appert's Tetraka (*Xanthomixis apperti*, Bernieridae), which at the family level is endemic to Madagascar. It is notably common in this protected area, where the original type specimen was collected in 1962 and the species named in 1972. The fact to find a new species of bird to science, which is relatively uncommon on Madagascar, as compared to other land vertebrate groups, underlines the uniqueness of the park's remaining forests. Subsequently this species, shown here on its nest, has been found in other regional forested sites. (Photo by Louise Jasper.)

espèces attrayantes peuvent y être observées, tels que le Gecko diurne de Standing (*Phelsuma standingi*, Gekkonidae) (Figure 38). Pour les ornithologues amateurs, il est relativement aisé d'observer le Tetraka d'Appert (Figure 39), qui a été décrit en premier dans la forêt de Zombitse, ainsi qu'un large assortiment d'oiseaux. Durant la saison des pluies, des mares temporaires se forment dans les bas-fonds ; les petits lacs temporaires ainsi formés dans les zones ouvertes de Zombitse sont d'excellents sites d'observation des oiseaux d'eau. Sur la base de l'analyse floristique,

la végétation de l'aire protégée est clairement transitionnelle entre la forêt dense humide sempervirente et la forêt dense sèche ; néanmoins, ce constat ne s'applique pas à la faune vertébrée terrestre rencontrée dans le parc qui manifeste une affinité évidente avec celle des forêts denses sèches. Lors des périodes de pluies saisonnières, des mares temporaires se forment dans les zones basses, dont un lac dans la partie non boisée de la parcelle de Zombitse, offrant d'excellents endroits pour observer les oiseaux aquatiques. Comme mentionné ci-dessus, la végétation de la zone protégée, basée sur des affinités floristiques, est transitoire entre la forêt humide à feuilles persistantes et la forêt sèche caducifoliée. Cependant, ce modèle biogéographique ne semble pas se retrouver dans la faune vertébrée terrestre locale, qui a distinctement des affinités avec la forêt sèche caducifoliée.

La saison sèche marquée se traduit par une diminution notable des ressources alimentaires pour de nombreux animaux qui ont développé diverses adaptations pour surmonter cette période de disette, dont par exemple certains lémuriens. Le Cheirogale à grosse queue (*Cheirogaleus medius*, Cheirogaleidae), en particulier, est capable d'hiberner jusqu'à six mois durant l'hiver austral ; ils survivent durant cette période difficile par divers mécanismes de ralentissement de leur métabolisme corporel et grâce au stockage d'une quantité importante

Shrew Tenrec (*Microgale nasoloi*, Tenrecidae). This species has been subsequently found in a few other dry forests and is considered Vulnerable by the IUCN (Figure 37). Zombitse-Vohibasia has a single microendemic animal species, a nocturnal lemur known as Zombitse Sportive Lemur, which is considered Endangered, and can often be found in day-resting tree holes, such as along the tourist trails near Ambakitany (Figure 30).

No reptile species is currently recognized that is unique to the Zombitse-Vohibasia forest, but several handsome species can be observed, such as Standing's Day Gecko (*Phelsuma standingi*, Gekkonidae) (Figure 38). For bird watchers, it is relatively easy to observe along the tourist trails Appert's Tetraka, which was first described from the Zombitse Forest (Figure 39), as well as an assortment of other bird species. During periods of seasonal rain, temporary pools form in low-lying areas, including a lake in the non-forested part of the Zombitse parcel, excellent places to observe aquatic birds. As mentioned above, the vegetation of the protected area based on floristic affinities is transitional between moist evergreen forest and dry deciduous forest, however, this biogeographic pattern does not seem to be found in the locally occurring terrestrial vertebrate fauna, which is distinctly dry deciduous forest in their affinities.

With a pronounced local dry season, which results in fewer food resources for a variety of animals, a range of adaptations occur in

Figure 40. Dans les forêts de Madagascar, y compris Zombitse-Vohibasia, on peut trouver des rassemblements de cicadelles (*Flatida*, Flatidae, Hemiptera), avec les adultes rouges et les larves blanches vaporeuses souvent alignés sur des arbustes de la famille des Combretaceae. Ces insectes percent les rameaux, sucent la sève et excrète ensuite des déjections liquides sucrées (riches en glucides), qui cristallisent en petits cristaux sur les rameaux et qui sont consommés à leur tour par divers animaux, dont les lémuriens, pendant la période de disette de l'hiver austral sec. (Photo par Chien Lee.) / **Figure 40.** In the forests of Madagascar, including Zombitse-Vohibasia, one can find accumulations of planthoppers (genus *Flatida*, Flatidae, Hemiptera) with red-colored adults and wispy white larvae often on tree branches of the family Combretaceae. These insects pierce the plant's tissue and feed on the inner cellular liquid. They then excrete a sweet and carbohydrate rich liquid that forms crystals deposited on the plant, which in turn is consumed by a range of animals during the lean season in the dry austral winter, such as lemurs. (Photo by Chien Lee.)

de graisse dans leur queue. Cette même stratégie est également utilisée par les tenrecs (*Tenrec ecaudatus*, Tenrecidae) qui dans des conditions de sécheresse extrême du Sud-ouest peuvent hiberner jusqu'à neuf mois.

Une autre adaptation, radicalement différente, pour affronter la diminution des ressources disponibles est adoptée par une cicadelle du genre *Flatida* (Hemiptera, Flatidae), dont les adultes rouges et les frêles larves blanches sont souvent alignés le long des rameaux d'arbustes de la famille des Combretaceae (Figure 40). Ils sucent la sève des tissus internes de ces plantes et rejettent l'excès d'eau et de glucides dans leurs excréments

the local community to help these organisms make it through this difficult period. For example, certain lemur species, most notably the Fat-tailed Dwarf Lemur (*Cheirogaleus medius*, Cheirogalidae) is able to go into hibernation for up to six months during the austral winter. Through a variety of different techniques to reduce their body metabolism and stocking large quantities of fat in the tail, they are able to survive this demanding period. The same strategy is also used by the Tailess Tenrec (*Tenrec ecaudatus*, Tenrecidae), which in the extreme dry conditions of the southwest can go into hibernation for up to nine months.

qui s'accumulent sur les branches après avoir cristallisé (à cause de leur concentration élevée en sucres) ; une grande variété d'animaux, dont divers genres de lémuriens, s'alimentent de ces déjections nourricières. Cette substance correspond probablement à la « manne » mentionnée dans la Torah hébraïque, le Coran musulman et la Bible chrétienne ; en effet, durant leur exode, les Israélites se sont alimentés de cette « nourriture providentielle », probablement issue d'une autre espèce de cicadelles Flatidae.

Enjeux de conservation : Le Parc National de Zombitse-Vohibasia et ses environs proches subissent des pressions anthropiques sur les habitats forestiers, dont la culture itinérante sur brûlis (principalement le maïs), l'exploitation illicite des ressources minières (surtout le saphir), la récolte de divers produits forestiers (tubercules, bambous, miel) et le braconnage de diverses espèces de lémuriens et de tenrecs (*Tenrec ecaudatus*, Tenrecidae). Une autre menace liée aux activités humaines est la mise à feu par les éleveurs des prairies pour le renouvellement annuel des pâtures de zébus ; ces feux pastoraux répétées pénètrent de plusieurs mètres dans les forêts et réduisent ainsi de manière cyclique la couverture forestière restante. Les causes indirectes de ces différentes pressions sont la démographie croissante, la situation socio-économique précaire, l'insécurité et une éducation défaillante. Une menace latente est l'expansion d'une

Another radically different solution to adapting to low food resources is associated with a planthopper, an insect of the genus *Flatida* (order Hemiptera, Flatidae). Red-colored adults and wispy white larvae cluster along thin branches of trees, often of the family Combretaceae, and feed on the inner tissue liquid of plants, resulting in them excreting excess water and carbohydrates (Figure 40). These extracts are distinctly high in sugar and accumulates in a crystal form on the tree branches. A range of different animals feed on this liquid, including several genera of lemurs, which provides nourishment; this substance is almost certainly the "manna" mentioned in the Hebrew Torah, Islamic Quran, and Christian Bible from other species of Flatidae planthoppers that was consumed by the Israelites during the exodus and provided "food from heaven".

Conservation challenges: The Zombitse-Vohibasia National Park and its immediate periphery have some human pressures on the remaining forests, which include swidden agriculture (mostly for corn), illegal exploitation of mineral resources (principally sapphires), collection of different forest products (tubers, bamboo, and honey), and poaching of different lemur species and *Tenrec ecaudatus* (Tenrecidae). Another problem associated with human threats is fire set in grassland areas, often on an annual basis, to renew zebu pasture and these can enter several meters into the forest; the repetition of this cycle is reducing the remaining forest surface area. The indirect

espèce de figuier de Barbarie (*Opuntia stricta*, Cactaceae), un cactus introduit et envahissant, qui s'étend sur des surfaces considérables (Figure 36). Madagascar National Parks, en collaboration avec divers acteurs, a mis en œuvre plusieurs programmes afin de réduire et contrôler ces pressions.

Les aménagements de conservation comprennent 40 km de pares-feux entretenus annuellement afin de prévenir l'entrée des feux disposés en périphérie des lisières des sites suivants : Marohova, Maromiandra, Beba Manamboay, Bekily et Ankaboka. Madagascar National Parks conduit un programme de restauration forestière dans les zones protégées par les pares-feux et 40 ha sont annuellement restaurés durant la saison des pluies en janvier-février. Le dispositif de suivi écologique est composé de six transects de 2 km pour le suivi mensuel des lémuriens et des oiseaux et de deux parcelles forestières permanentes de 0,5 ha suivies annuellement. Il n'y a pas de facilités de recherche spécifiques dans le parc national, mais des campements scientifiques temporaires furent établies à l'occasion d'inventaires dans les trois différents blocs forestiers.

L'impact du changement climatique, un problème qui affecte l'ensemble de Madagascar, s'exprime localement dans le parc par une augmentation des épisodes secs, atteignant 10 jours successifs au cœur de la saison des pluies, et une augmentation des précipitations annuelles de 79 mm

causes of most of these pressures are related to local human population expansion, socio-economic aspects, and problems with formal education and security. One notable introduced and invasive species is the cactus *Opuntia stricta* (Cactaceae) which can cover considerable areas (Figure 36). Madagascar National Parks, together with different collaborators, have local programs in place to reduce and control these pressures.

Conservation infrastructure in the national park includes 40 km (25 miles) of firebreaks that are maintained annually, installed near the forest edge to prevent the entry of fire, and these occur near the sites of Marohova, Maromiandra, Beba Manamboay, Bekily, and Ankaboka. Madagascar National Parks is in the process of restoring different forested zones protected by the firebreaks, and about 40 hectares are planted per year, generally in January and February (during the rainy season). The ecological study facilities comprise six transects of 2 km each, where monthly lemur and bird monitoring are conducted, and two permanent forest parcels of 0.5 ha, which are monitored annually. There are no specific research facilities within the national park, but scientific exploration camps have been set-up in different portions of the three forest parcels.

Some evidence is available of local climatic change, an aspect impacting Madagascar as a whole, and in the park between 1985 and 2014 dry episodes of up to 10 days occurred at the height of the rainy season, and precipitation increased ever so slightly

entre 1985 et 2014, soit environ 0,4 % par an ; vers la fin de cette période de 30 ans, la fin de la saison humide s'est avancée de 10 jours, alors que les températures moyennes maximale et minimale ont, toutes deux, augmenté de 0,6 °C. L'impact, à moyen et à long termes, des changements climatiques sur le biote de l'aire protégée est encore incertain.

by about 0.4% annually, or around 79 mm (3 inches). Towards the end of this 30-year period, the rainy season tended to end 10 days earlier, and average minimum and maximum daily temperatures increased by 0.6°C and 0.6°C, respectively. It is unclear what impact these climatic shifts will have in the medium- and long-term on the protected area's biota.

Avec les contributions de / With contributions from L. D. Andriamahefarivo, A. H. Armstrong, M. A. Atalahy, C. Cholette, B. Crowley, R. Decary, L. Gautier, F. Glaw, S. M. Goodman, P. Gregory, O. Langrand, E. E. Louis, Jr., P. P. Lowry II, Madagascar National Parks, P. Malzy, P. Maxim, M. E. McGroddy, P. B. Phillipson, M. J. Raherilalao, G. Rajaonarisoa, C. L. Rakotomalala, M. L. Rakotondrafara, T. S. Rakotozafy, L. Y. A. Randriamarolaza, G. Randrianasolo, A. P. Raselimanana, H. Rasolonjatovo, I. N. Rasolozaka, F. S. Razanakiniana, A. B. Rylands, S. Schuette, J. Sparks, M. Vences & S. Wohlhauser.

Tableau B. Liste des vertébrés terrestres connus de Zombitse-Vohibasia. Pour chaque espèce, le système de codification suivant a été adopté : un astérisque (*) *avant* le nom de l'espèce désigne un endémique malgache ; les noms scientifiques en **gras** désignent les espèces strictement endémiques à l'aire protégée ; les noms scientifiques <u>soulignés</u> désignent des espèces uniques ou relativement uniques au site ; un plus (+) *avant* un nom d'espèce indique les taxons rentrant dans la catégorie Vulnérable ou plus de l'UICN ; un [1] *après* un nom d'espèce indique les taxons introduits ; et les noms scientifiques entre parenthèses nécessitent une documentation supplémentaire. Pour certaines espèces de grenouilles, les noms des sous-genres sont entre parenthèses. / **Table B.** List of the known terrestrial vertebrates of Zombitse-Vohibasia. For each species entry the following coding system was used: an asterisk (*) *before* the species name designates a Malagasy endemic; scientific names in **bold** are those that are strictly endemic to the protected area; <u>underlined</u> scientific names are unique or relatively unique to the site; a plus (+) *before* a species name indicate taxa with an IUCN statute of at least Vulnerable or higher; [1] *after* a species name indicates it is introduced to the island; and scientific names in parentheses require further documentation. For certain species of frogs, the subgenera names are presented in parentheses.

Amphibiens / amphibians, n = 6

Heterixalus luteostriatus
Laliostoma labrosum
Ptychadena mascareniensis

Dyscophus insularis
Scaphiophryne brevis
(Scaphiophryne calcarata)

Reptiles / reptiles, n = 30

Pelomedusa subrufa
Brookesia brygooi
(Furcifer major)
Furcifer oustaleti
Furcifer verrucosus
Chalarodon madagascariensis
Oplurus cuvieri
Blaesodactylus sakalava
Geckolepis typica
Hemidactylus mercatorius
Lygodactylus tolampyae
+Paroedura androyensis
+(Paroedura bastardi)
Paroedura picta
Phelsuma mutabilis

+<u>Phelsuma standingi</u>
Grandidierina rubrocaudata
Madascincus polleni
+Trachylepis dumasi
Trachylepis elegans
Trachylepis gravenhorstii
Acrantophis dumerili
Dromicodryas bernieri
Ithycyphus oursi
Langaha madagascariensis
Leioheterodon madagascariensis
Leioheterodon modestus
Madagascarophis meridionalis
Pseudoxyrhopus quinquelineatus
Mimophis mahfalensis

Oiseaux / birds, n = 103

+<u>Tachybaptus pelzelnii</u>
Tachybaptus ruficollis
Phalacrocorax africanus
Ardea alba
Ardea cinerea
Ardea purpurea
+<u>Ardeola idae</u>
Ardeola ralloides
Bubulcus ibis
Egretta ardesiaca
Nycticorax nycticorax

Scopus umbretta
Lophotibis cristata
Anas erythrorhyncha
Anas hottentota
Dendrocygna bicolor
Dendrocygna viduata
Sarkidiornis melanotos
Accipiter francesiae
Accipiter henstii
Accipiter madagascariensis
Aviceda madagascariensis

*Buteo brachypterus
*+Circus macrosceles
Milvus aegyptius
*Polyboroides radiatus
Falco concolor
Falco newtoni
Falco peregrinus
*Falco zoniventris
Coturnix delegorguei
*Margaroperdix madagarensis
Numida meleagris
*Turnix nigricollis
Dryolimnas cuvieri
Porphyrio madagascariensis
Rostratula benghalensis
Himantopus himantopus
Charadrius tricollaris
*Pterocles personatus
Oena capensis
Nesoenas picturata
Treron australis
*Agapornis canus
Coracopsis nigra
Coracopsis vasa
Centropus toulou
*Coua coquereli
*Coua cristata
*Coua gigas
*Coua ruficeps
*Cuculus rochii
Tyto alba
Asio capensis
*Asio madagascariensis
*Athene superciliaris
*Otus rutilus
Caprimulgus madagascariensis
Apus balstoni
Tachymarptis melba
Cypsiurus parvus
*Zoonavena grandidieri
Corythornis vintsioides

*Corythornis madagascariensis
Merops superciliosus
Eurystomus glaucurus
Leptosomus discolor
*Upupa marginata
*Eremopterix hova
Hirundo rustica
Phedina borbonica
*Motacilla flaviventris
Coracina cinerea
Hypsipetes madagascariensis
*Copsychus albospecularis
*Monticola sharpei
Saxicola torquatus
Terpsiphone mutata
Cisticola cherina
*Neomixis striatigula
*Neomixis tenella
*Nesillas lantzii
*Bernieria madagascariensis
*Thamnornis chloropetoides
*+Xanthomixis apperti
Cinnyris notatus
Cinnyris sovimanga
Zosterops maderaspatanus
*Artamella viridis
*Calicalicus madagascariensis
Cyanolanius madagascarinus
*Falculea palliata
*Leptopterus chabert
*Newtonia brunneicauda
*Schetba rufa
*Vanga curvirostris
Dicrurus forficatus
Corvus albus
Acridotheres tristis[1]
*Hartlaubius auratus
*Foudia madagascariensis
*Nelicurvius sakalava
* Lepidopygia nana

Tenrecidae - tenrecidés / tenrecs, n = 5

*Echinops telfairi
*Geogale aurita
*+Microgale nasoloi

*Setifer setosus
*Tenrec ecaudatus

Soricidae - musaraignes / shrews, n = 1

Suncus etruscus[1]

Nesomyidae - rongeurs / rodents, n = 2

*Eliurus myoxinus

*Macrotarsomys bastardi

Muridae - rongeurs / rodents, n = 2

Mus musculus[1]

Rattus rattus[1]

Chauves-souris / bats, n = 10

*+Eidolon dupreanum
*Macronycteris commersoni
Taphozous mauritianus

*Chaerephon jobimena
Chaerephon leucogaster
Mops leucostigma

Mops midas
*Mormopterus jugularis

*Neoromicia bemainty
*Scotophilus robustus

Eupleridae - carnivore / carnivoran, n = 1
*+Cryptoprocta ferox

Viverridae - carnivore / carnivoran, n = 1
Viverricula indica[1]

Lémuriens / lemurs, n = 8
*Cheirogaleus medius
*Microcebus murinus
*+Mirza coquereli
*+Phaner pallescens

+Lepilemur hubbardorum***
*Eulemur rufifrons
*+Lemur catta
*+Propithecus verreauxi

DÉFINITIONS

Agriculture itinérante (*tavy*) – système agricole, également connu sous le nom d'agriculture sur abattis brûlis, où on pratique la mise en culture alternée de zones forestières défrichées et brûlées, puis laissées en friches plusieurs années afin d'assurer la régénération des sols.

Altitude – dans le texte, l'altitude est donnée en mètre (m) par rapport au niveau de la mer.

Autochtone – relatif à un organisme dont la présence est naturelle dans une zone, par opposition à un organisme introduit.

Biodiversité – qui se réfère à la variété ou à la variabilité entre les organismes vivants et les complexes écologiques dans lesquels ils se trouvent.

Biogéographie – l'étude de la répartition de la vie sur Terre.

Caducifoliée (caduque) – caractère des feuilles qui tombent durant la saison sèche ; les forêts caducifoliées sont constituées des plantes qui perdent la majorité de leurs feuilles au cours de la saison sèche (voir décidue).

Catégories de risque d'extinction de la liste rouge de l'UICN – le statut de conservation (risque d'extinction), extrait de la Liste rouge de l'UICN, est mentionné uniquement pour les espèces correspondant aux catégories « menacées » à savoir : En danger critique (CR), En danger (EN) et Vulnérable (VU).

Catégorie d'aires protégées selon l'UICN – au niveau international, l'UICN classe les aires protégées en six catégories, qui correspondent à

DEFINITIONS

Biodiversity – refers to the variety or variability between living organisms and the ecological complexes in which they are found.

Biogeography or biogeographic – the study of the distribution of life on Earth.

Chytrid – a non-native fungus (*Batrachochytrium dendrobatidis*), which is responsible for the amphibian disease known as chytridiomycosis, and may result in significant declines of local frog populations and species.

Citizen science – scientific work undertaken by members of the general public, often in collaboration with scientists and scientific institutions.

Climate change – refers to the set of variation in climatic characteristics in a given location, over time such as warming or cooling.

Deciduous – leaves that fall off during the dry season; a forest type made up of deciduous trees.

Ecosystem – all the organisms found in a particular region and the environment in which they live. The elements of an ecosystem interact with each other in different manners, and therefore depend on each other directly or indirectly.

Elevation – all cited elevations herein are with reference to above sea-level and in meters (m).

Emergent trees – the vertical layer (or isolated tree) in forests made up

divers objets (espèces, écosystèmes et paysages) et/ou niveaux de protection (strict, ouvert au tourisme et activités agricoles réglementées) et dont les dénominations sont les suivantes à Madagascar : I) Réserve Naturelle Intégrale, II) Parc National, III) Monument Naturel, IV) Réserve Spéciale, V) Paysage Harmonieux Protégé et VI) Réserve de Ressources Naturelles.

Changement climatique – désigne l'ensemble des variations des caractéristiques climatiques en un endroit donné et au cours du temps comme, par exemple, l'augmentation ou la diminution de température.

Chytrid – un champignon non indigène (*Batrachochytrium dendrobatidis*), responsable de la maladie des amphibiens connue sous le nom de chytridiomycose, et peut entraîner un déclin significatif des populations et des espèces de grenouilles locales.

Décidue – les forêts décidues sont constituées de plantes qui perdent la majorité de leurs feuilles lors de la saison sèche (voir caducifoliée).

Écosystème – tous les organismes trouvés dans une région particulière et l'environnement dans lequel ils vivent. Les éléments d'un écosystème interagissent entre eux d'une certaine façon, et de ce fait dépendent les uns des autres directement ou indirectement.

Emergent (forêt) – strate forestière (ou arbre isolé) composée d'arbres, dont les cimes se dressent au-dessus de la canopée.

Endémique – relatif à un organisme dont la distribution est limitée à une zone géographique donnée. Par exemple, un animal connu seulement

of the tallest trees with their crowns emerging above the canopy.

Endemic – an organism restricted to a given area. For example, an animal that is only known from Madagascar is endemic to the island (see **microendemic** below).

Epiphyte (epiphytic) – plant that attaches itself to others without acting as a parasite.

Fady – see taboo.

Fauna – this term concerns the animals present in a given region, the species composition, and generally referring to wild animals (native and introduced), as compared to those that are domestic.

Flora – this term concerns the plants present in a given region, the species composition, and generally referring to wild plants (native and introduced), as compared to those planted, for example, in gardens.

Geographic localities – for certain localities in Madagascar two parallel systems of geographical place names exist, one being associated with the former colonial system and the other the Malagasy name. We have used the Malagasy names throughout the book and at first usage, the non-Malagasy names are presented in parentheses, for example Antananarivo (Tananarive).

Hectare – an area that is 10,000 square meters or 2.5 acres (US).

IUCN categories of protected areas – at the international level, the IUCN classifies protected areas into six categories, which correspond to

à Madagascar est dit endémique de l'île (voir **micro-endémique**, ci-dessous).

Epiphyte – plante qui se fixe sur d'autres sans pour autant se comporter en parasite.

Disparu – relatif à une espèce, végétale ou animale, qui n'est plus présente dans une partie de sa distribution originale.

Durée de voyage – dans ce guide, les durées de voyage par route sont indiquées entre les aires protégées et diverses localités. Dans les centres de grandes villes (Antananarivo et Toliara), les embouteillages peuvent être importants pendant les heures de pointe ; pour éviter une circulation dense, il serait mieux de partir le plus tôt possible le matin, c'est-à-dire avant 6 h 30.

Fady – voir tabou.

Flore – ensemble des plantes sauvages (indigènes et introduites) présentes dans une région donnée, à l'exclusion des espèces cultivées, par exemple, dans les jardins.

Hectare – unité de surface équivalente à 10 000 mètres carrés ou 2,5 acres (US).

Indigène – présent naturellement dans une zone, par rapport à introduit.

Localités géographiques – pour certains lieux à Madagascar, deux appellations géographiques peuvent se rencontrer simultanément, l'une issue du système colonial historique (en français), l'autre basée sur les noms Malagasy. Les noms Malagasy sont utilisés tout au long du guide, mais, l'appellation non-Malagasy est mentionnée entre parenthèses à la première apparition d'un nom

various aspects (species, ecosystems, and landscapes) and/or levels of protection (strict, open to tourism, and regulated agricultural activities) and these categories are as follows for Madagascar: I) Strict Nature Reserve, II) National Park, III) Natural Monument, IV) Special Reserve, V) Protected Harmonious Landscape, and VI) Natural Resource Reserve.

IUCN Red List categories – the conservation statutes extracted from the IUCN Red List are mentioned herein for those falling in the "threatened" category include Critically Endangered (CR), Endangered (EN), and Vulnerable (VU).

Malagasy – throughout the book we use the term Malagasy in its noun and adjective forms (as compared to Madagascan) to refer to the people, the language, the culture, and other animate and inanimate objects from Madagascar. Malagasy words are presented in lowercase italics.

Malagasy Region – a zone of the western Indian Ocean including the islands of Madagascar and the archipelagos of the Comoros, the Mascarenes (Mauritius, La Réunion, and Rodriguez), and the Seychelles.

Microendemic – an **endemic** organism with a restricted geographical distribution. For example, an endemic animal only known from a limited area of Madagascar is a microendemic to that zone.

Native – naturally occurring in an area, as compared to being introduced.

de lieu, par exemple Antananarivo (Tananarive).

Malagasy – dans ce guide, l'utilisation du terme Malagasy en tant que nom ou adjectif fait référence au peuple, à la langue, à la culture et autres objets, vivants ou non, matériels ou immatériels, originaires de Madagascar. Les mots en langue Malagasy sont écrits en italique.

Micro-endémique – relatif à un organisme dont la présence est limitée à une zone géographique restreinte. Par exemple, un animal connu seulement dans une zone limitée de Madagascar est dit micro-endémique à cette zone.

Nom scientifique – dans ce guide, le nom scientifique, largement standardisé, est généralement préféré pour désigner les plantes et les animaux (excepté les oiseaux et les lémuriens), car les noms vernaculaires, qui varient considérablement entre les sources, peuvent prêter à confusion. Dans les deux tableaux répertoriant chacun les animaux terrestres d'un site, seul le nom scientifique a été indiqué afin d'optimiser l'espace et le format ; pour les visiteurs qui ne seraient pas familiers avec les noms scientifiques, il est recommandé d'emporter des guides de terrain afin de faire le lien entre le nom scientifique et le nom vernaculaire ou le nom commun ; c'est particulièrement le cas pour les oiseaux et les lémuriens.

Non-décrite (espèce) – que ce soit pour les plantes ou les animaux, un nombre considérable de nouvelles espèces reste à décrire à Madagascar. Dans certains cas, ces organismes sont déjà reconnus par les spécialistes, mais restent encore

Phenology – the study of seasonal natural phenomena in relationship to climate and plant and animal life, such as the period of flowering and fruiting of plants consumed by lemurs and birds.

Phytogeography or **phytogeographical** – research domain of plant ecology that deals with the study of the geographic distribution of plants.

Region – this term is used herein in two different manners, 1) referring to a general geographical area or 2) denoting administrative regions (*faritra* in Malagasy), which includes 23 different regions, and Isalo is in the Ihorombe Region and Zombitse-Vohibasia is in the Atsimo-Andrefana Region.

Riparian – relating to or situated on the banks of a river.

Rupicolous – refers to plants and animals that live in rocky habitats.

Scientific names – throughout this book when citing plants and animals (with the exception of birds and lemurs), we generally do not use vernacular names, which can vary considerably between different reference sources and can be confusing, and prefer to use scientific names, which are largely standardized. In the two tables listing the known land animal species for each site, we only present scientific names. We apologize for any inconvenience for visitors not familiar with scientific names, but this approach was in part for space and format reasons and we suggest that visitors carry field guides

à nommer formellement dans une publication scientifique. Dans les listes ci-après, diverses expressions sont utilisées pour les espèces dont le nom spécifique n'est pas encore défini : « sp. nov. » (= nouvelle espèce), « sp. » (espèce distincte dont la dénomination est encore incertaine), « sp. aff. » (morpho-espèce, espèce distincte qui présente des ressemblances avec une espèce décrite, par exemple *Uroplatus* sp. aff. *henkeli* Ca11).

Phénologie – étude des cycles naturels de plantes et d'animaux en relation avec les variations climatiques, par exemple, les saisons de floraison et de fructification des plantes consommées par les lémuriens et les oiseaux.

Phytogéographie – domaine de recherche de l'écologie végétale qui porte sur l'étude de la répartition géographique des plantes.

Région – ce terme est utilisé de deux manières différentes dans le guide : 1) en référence à une zone géographique usuelle ou 2) en référence à la délimitation territoriale administrative qui comprend 23 régions (*faritra* en Malagasy) ; Isalo est situées dans la Région d'Ihorombe et Zombitse-Vohibasia dans la Région d'Atsimo-Andrefana.

Région Malagasy – écorégion de l'Ouest de l'océan Indien qui comprend l'île de Madagascar, ainsi que les archipels des Comores, des Mascareignes (Maurice, La Réunion et Rodrigues) et des Seychelles.

Riparien / Ripicole – relatif ou situé sur les rives d'une rivière.

Rupestre / Rupicole – se dit des plantes et des animaux qui vivent dans des habitats rocheux.

with them, particularly for birds and lemurs, to make the needed liaison between vernacular or common and scientific names.

Sclerophyllous – hard, thick leaves that can withstand arid climatic conditions; a forest type made up mostly of sclerophyllous trees.

Swidden agriculture (*tavy*) – this form of agriculture, also known as slash-and-burn or shifting cultivation, refers to a technique of rotational farming in which cleared forest areas are put into cultivation and then left to regenerate for several years.

Taboo (*fady*) – a social custom prohibiting or restricting a particular practice.

Tapia – Malagasy name for the *Uapaca bojeri* tree (Phyllanthaceae) and the name given to a type of woodland vegetation corresponding to the remaining part of the sclerophyllous forest and dominated by this tree.

Tavy – see swidden agriculture.

Taxonomy – science whose object is the designation and classification of organisms.

Topography – the study of land forms and surface features.

Travel time – in the text we present road travel times between different points and protected areas. In major city centers (Antananarivo and Toliara) congestion can be heavy during rush hour periods, and to avoid frustrating traffic we suggest that it is best to leave as early in the morning as possible, that is to say before 6:30 a.m.

Science citoyenne – travaux scientifiques entrepris par des membres du grand public, souvent en collaboration avec des scientifiques et des institutions scientifiques.

Sclérophylle – caractère de certaines feuilles dures et épaisses qui leur permettent de résister à des conditions climatiques arides ; les forêts sclérophylles sont constituées en majorité par des plantes aux feuilles sclérophylles..

Tabou (*tavy*) – une coutume sociale interdisant ou restreignant une pratique particulière.

Tapia – nom Malagasy de l'arbre *Uapaca bojeri* (Phyllanthaceae) et nom donné à un type de végétation boisée qui correspond à la partie restante de la forêt sclérophylle et dominée par cet arbre.

Tavy – voir Agriculture itinérante.

Taxonomie – science ayant pour objet la désignation et la classification des organismes.

Topographie – relatif aux formes et caractéristiques de la surface de la Terre.

Végétation – ensemble des plantes qui poussent en un lieu donné et décrivant la structure et leur répartition selon leur nature.

Via ferrata – signifie « chemin de fer » et correspond à un circuit aménagé sur une paroi escarpée afin d'en faciliter ou sécuriser l'accès grâce à l'installation d'échelons métalliques, d'échelles ou de câbles de sécurité fixés sur la roche.

Undescribed species – for both plants and animals, a considerable number of species occurring on Madagascar remain to be described. In some cases, these unnamed organisms have been identified by scientists but remain to be named in technical publications. In the tables herein, we use the following denotation for determinations at the species level that are not definitive: "sp. nov." (= new species), "sp." (a distinct species but the identification is uncertain).

Vegetation – this term is used for the plants present in an area, with special reference to structure, life forms, and spatial distribution.

Via ferrata – meaning "iron path" and refers to the installation in steep rocky terrain of metal rungs, ladders or permanently fixed safety wire as a means of crossing a zone.

NOTES